NATIONAL GEOGRAPHIC KiDS

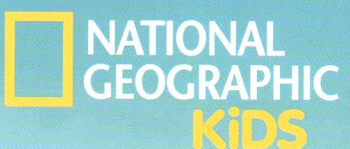

자연 다큐 백과

세계의 신화

블레이크 호에나, 에이드리엔 메이어 지음 | 이한음 옮김 | 김헌 감수

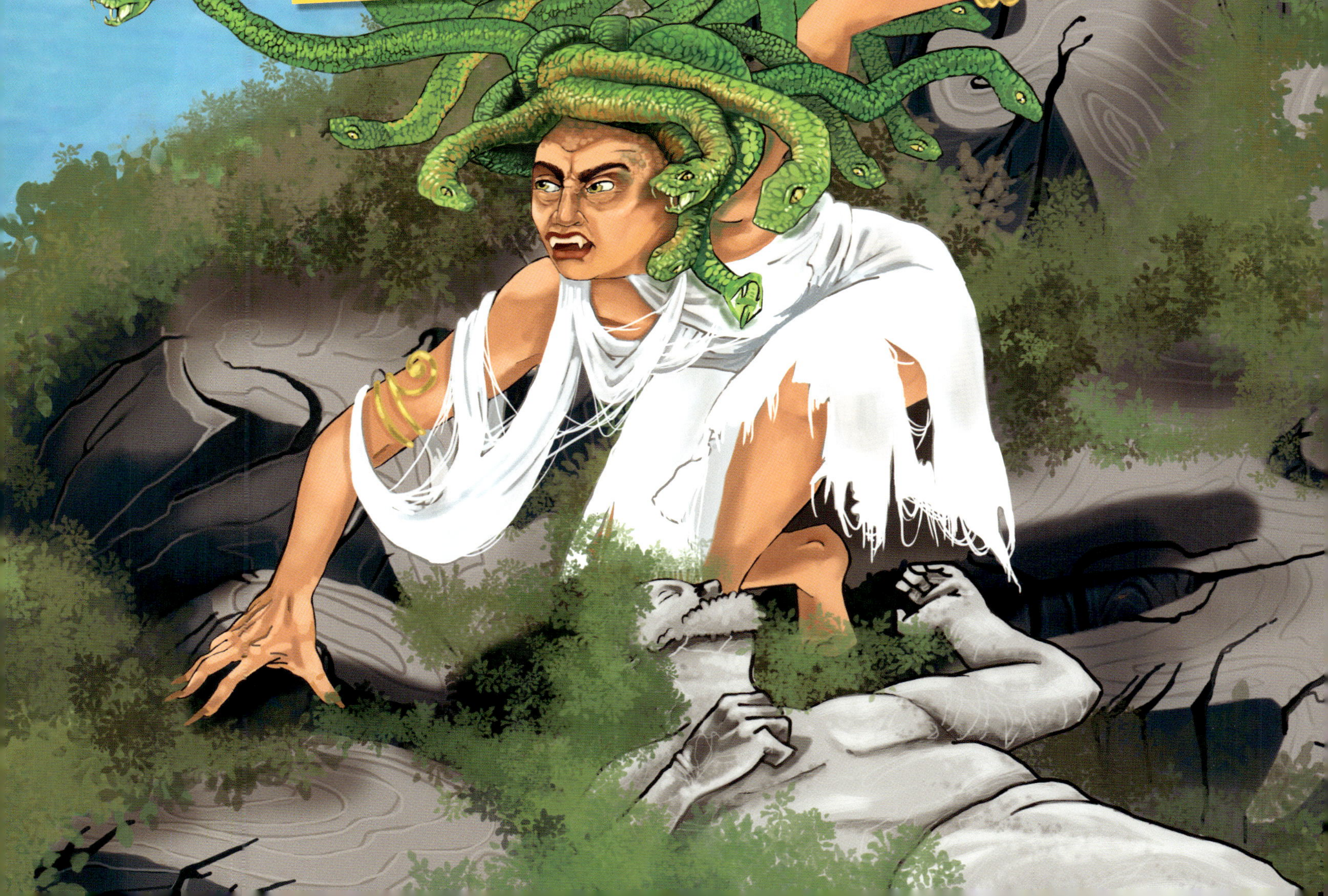

차례

소개합니다! 6

❶ 미스터리한 신화의 세계 8
신화가 뭐예요? 10
신들을 모시는 특별한 장소 12
신들도 서로 다투거나 전쟁을 한다고요? 14
전 세계에서 만날 수 있는 다양한 신화 16
알쏭달쏭 신화 이야기 그리스 신들의 관계 18

❷ 신화에 나오는 신과 영웅 20
상상을 초월하는 신들의 능력과 삶 22
신화 속 신비로운 상상의 생물들 24
흥미진진한 신들의 사랑 이야기 26
세상을 구하는 영웅들 28
찰칵! 신화 사진전 예술 작품 속 신화 30

❸ 세상을 파괴하는 신과 괴물 32
규칙을 깨는 장난꾸러기 트릭스터 34
으앗, 무시무시한 괴물들이에요! 36
신들이 세상에 재앙을 일으켰다고요? 38
신화 속 주인공은 죽으면 어떻게 되나요? 40
신화 VS 현실 닮은 듯 달라요! 42

❹ 재미있는 세계의 신화 이야기 44
신화와 영화 속 주인공, 짝을 지어 볼까요? .. 46
나만의 상상 속 동물을 만들어 보아요! 48
와우, 신들도 먹고 마시고 즐겨요! 50
밤하늘에 반짝반짝 빛나는 신화의 주인공 ... 52
전문가가 들려주는 뒷이야기 54

우리는 신화에 둘러싸여 있어요 56
도전! 세계의 신화 박사 퀴즈를 풀며 용어를 익혀요 ...60
찾아보기 62

캄보디아의 깊은 정글 속에 있는 앙코르와트예요. 처음 12세기에 지어질 때는 힌두교의 신 비슈누*를 모시는 사원이었어요. 나중에는 불교 사원으로 바뀌었지요. 이곳에서는 힌두교와 불교의 신화를 담은 조각상을 100곳이 넘는 사원에서 볼 수 있어요.

*비슈누: 힌두교 신화에서 세계의 질서를 유지하는 신.

북아메리카 원주민 알곤킨족의 신화에는 사람으로 변신할 수 있는 괴물 웬디고가 나와요. 웬디고는 사람을 잡아먹었는데, 아무리 먹어도 배가 차지 않았대요.

소개합니다!

신화 속에는 놀라운 존재들이 가득해요.
신을 화나게 하는 사람에게 번개를 내리는 제우스 같은 강력한 신도 있고, 괴물과 맞붙은 헤라클레스 같은 힘센 영웅도 있어요. 머리가 잘리면 다시 자라나는 히드라, 손가락과 다리에 뱀들이 달린 괴물 티폰도 있지요! 오늘날 우리는 신화를 그저 재미난 이야기일 뿐이라고 여기지만, 오래전 사람들은 신화를 사실이라고 믿었어요. 전 세계 다양한 곳에서 신화에 등장하는 신을 섬겼지요. 어떤 곳에서는 수천 년이 지난 지금도 여전히 신으로 모시고 있고요. 신화는 단순한 옛이야기가 아니에요. 오늘날에도 세계 곳곳에서 역사와 문화의 한 부분으로 남아 있답니다. 그럼 신과 괴물이 살아 움직이는 놀라운 세계로 들어가 볼까요? 신화의 모든 것을 알아보아요!

전문가 인터뷰

안녕하세요! 에이드리엔 메이어 박사입니다. 나는 과학이 발달하지 않았던 시대, 그러니까 아주 오랜 옛날의 신화를 연구해요. 특히 신화 속 자연 현상과 관계있는 옛이야기에 어떤 의미가 숨어 있는지 파헤치지요. 이런 이야기들은 인간의 호기심의 역사라고 할 수 있어요. 과학 지식이 부족했던 옛사람들이 세계를 이해하기 위해 어떤 노력을 했는지를 보여 주거든요. 이 책에서 나는 주변 세계를 이해하고자 하는 사람들의 노력이 시대와 관계없이 계속되고 있다는 것을 여러분에게 알려 주고 싶어요. 자, 이제 함께 시간 여행을 떠나요!

그리스 신화에 나오는 영웅 프로메테우스는
신들만 사용하던 불을 훔쳐 사람에게 주었어요.
사람들은 불을 이용해 많은 발전을 이루었지만,
프로메테우스는 오랫동안 신에게 벌을 받았어요.

1 미스터리한 신화의 세계

신화가 뭐예요?

간단히 말하자면, 신비로운 이야기예요.

옛날부터 전해 내려오는 신들의 이야기이지요. 신화에는 옛사람들의 생각이 담겨 있어요. 그들이 세상을 어떻게 바라보았는지 알 수 있지요. 오늘날은 과학으로 세상을 설명하지만, 아주 오랜 옛날에는 과학 지식이 많지 않았어요. 옛사람들은 왜 해가 뜨고 지는지, 왜 비가 내리는지 알지 못했어요. 세상은 온통 수수께끼였지요. 그래서 옛사람들은 신화를 만들었어요. 신들의 이야기로 세상이 어떻게 만들어졌는지를 이해하고, 자연 현상을 설명하려고 한 거예요.

창세 신화, 세상이 처음 만들어진 이야기

하늘과 땅은 물론, 세상의 모든 것이 어떻게 생겨났는지를 설명하는 신화예요. 나라와 지역마다 다양한 창조신*이 세상을 만들어 낸 이야기가 전해지지요. 북아메리카 원주민 이로쿼이족의 창세 신화에서는 위대한 정령*이 물로 덮인 세상에 한 여자를 내려보냈어요. 세상을 사람들로 채우기 위해서요. 정령은 여자가 살 곳을 마련하려고 거북의 등에 진흙을 쌓았어요. 그것은 섬이 되었지요. 거북은 섬과 하늘에서 내려온 여자, 그리고 여자가 낳은 아이들을 등에 태우고 돌아다녔어요. 이 거북섬이 훗날 북아메리카가 되었대요. 우리나라에도 여러 창세 신화가 있어요. 그중 함경도 함흥 지역에서 전해 내려오는 「창세가」를 살펴볼까요? 옛날에 하늘과 땅은 서로 붙어 있었어요. 그러다가 하늘이 점점 볼록해져 하늘과 땅 사이에 틈이 생기자 미륵 신은 땅의 네 귀퉁이에 구리 기둥을 세워 하늘과 땅을 나누었어요. 당시에는 해와 달이 둘씩 있었는데, 하나씩을 떼어 별도 만들었지요. 그리고 미륵 신은 금쟁반과 은쟁반을 양손에 들고 하늘에 빌어 하늘로부터 금벌레 5마리, 은벌레 5마리를 받았어요. 금벌레와 은벌레는 각각 남자와 여자로 변하여 다섯 쌍의 부부가 되었답니다.

*창조신: 인간을 비롯한 우주 만물을 만든 신.
*정령: 만물의 근원을 이룬다는 신령스러운 기운.

잠깐 상식! 고대 그리스와 로마 사람들은 신화에 나오는 영웅의 이름을 밤하늘의 별자리에 붙였어요.

영웅 신화, 영웅의 삶에 대한 이야기

먼 길을 떠나 다른 사람이 하기 어려운 일을 해내는 영웅은 사람들의 사랑을 받아요. 흔히 영웅은 자신의 이름을 알리거나, 큰돈을 벌기 위해, 또는 신이 내린 벌을 받기 위해 모험을 떠나지요.

북유럽과 영국에는 영웅 베오울프의 이야기가 전해져요. 아주 오래전, 데인족의 땅에 밤마다 사람들을 잡아먹는 괴물 그렌델이 나타났어요. 사람들은 밤이 되면 공포에 떨어야 했지요. 이 소식을 들은 베오울프는 용사를 거느리고 가서 그렌델을 물리쳤어요. 영웅이 된 베오울프는 고향으로 돌아와 왕이 되었답니다.

우리나라에서는 영웅 주몽의 이야기가 유명해요. 알에서 태어난 주몽은 어려서부터 활을 잘 쏘았어요. 타고난 능력과 주변의 도움으로 여러 고난을 이겨 내고 훗날 고구려를 세웠지요.

자연 신화, 자연 현상에 대한 이야기

자연 신화는 계절의 변화, 해가 뜨고 지는 현상, 밤하늘의 별 등 자연의 모든 일이 왜 일어나는지를 알려 주어요. 여러 가지 동물이 가진 능력도 설명하지요. 거미에 관한 신화를 예로 들어 볼까요? 그리스 신화에 나오는 아라크네는 베를 아주 잘 짰어요. 지혜와 전쟁과 베틀의 신인 아테나보다 자신이 베를 더 잘 짠다고 주변에 자랑까지 했지요. 아라크네의 우쭐한 말에 화가 난 아테나는 아라크네를 거미로 만들어 버렸어요. 거미가 된 아라크네는 아름다운 거미집을 지으며 여전히 베를 짜고 있지요.

그럼 설화는 무엇일까요?

사람들의 입에서 입으로 전해 내려오는 이야기를 설화라고 해요. 설화는 성격에 따라 신화, 전설, 민담으로 나누어요. 신화는 신처럼 신성하고 특별한 존재가 주인공이에요. 전설은 특정한 장소나 사물에 얽힌 이야기를 말하지요. 민담은 평범한 사람들이 나오는 재미있는 이야기예요.

신들을 모시는 특별한 장소

옛사람들은 신화에 등장하는 신이 실제로 있다고 믿었어요.
신이 자연물이나 물건에 깃들어 사람들의 삶에 영향을 미친다고 생각했지요. 신화를 보면 신마다 능력도 다 달랐어요. 사람들은 때에 따라 자신을 도울 수 있는 신을 찾아가 기도를 했지요. 신을 모시는 신전을 짓고 성스러운 장소를 찾아갔어요. 신들을 모시는 장소는 신의 위엄이 느껴지도록 크게 지었어요. 금이나 보석 같은 귀중한 것으로 꾸미기도 했지요. 옛사람들이 신을 모시던 곳들 중에서 오늘날까지 남아 있는 곳을 소개할게요. 이곳을 둘러보면 당시 사람들의 삶에 신화 속 신들이 얼마나 중요했는지 이해할 수 있을 거예요.

촐룰라 피라미드
세계에서 가장 큰 피라미드예요. 중앙아메리카의 멕시코 남부에 있어요. 깃털이 달린 뱀 모습의 신 케찰코아틀을 위한 곳이지요. 톨텍과 아스텍 신화에 나오는 케찰코아틀은 사람들에게 예술과 문화를 전해 주었어요.

전문가 인터뷰
어떻게 보면 신전은 꼭 박물관 같아요. 옛사람들은 신기한 물건을 발견하거나 신에게 중요할 것 같은 물건을 신전에 가져갔거든요. 어느 신전에는 신생대에 지구에 살다가 멸종한 마스토돈*의 뼈가 놓여 있었어요. 당시 사람들은 이것을 괴물의 뼈라고 생각한 모양이에요. 매머드의 엄니도 신전에 놓여 있었어요. 옛사람들은 그 엄니*를 그리스 신화에 나오는 도시 칼리돈을 공포에 떨게 했던 멧돼지의 이빨이라고 믿었지요.

*마스토돈: 멸종한 코끼리를 통틀어 이르는 말. 장비목 마스토돈티데 아목에 속한다.
*엄니: 크고 날카롭게 발달한 포유류의 이빨.

잠깐 상식! 그리스 신화의 신들은 그리스에서 가장 높은 산인 올림포스산에서 세상을 다스렸다고 전해져요.

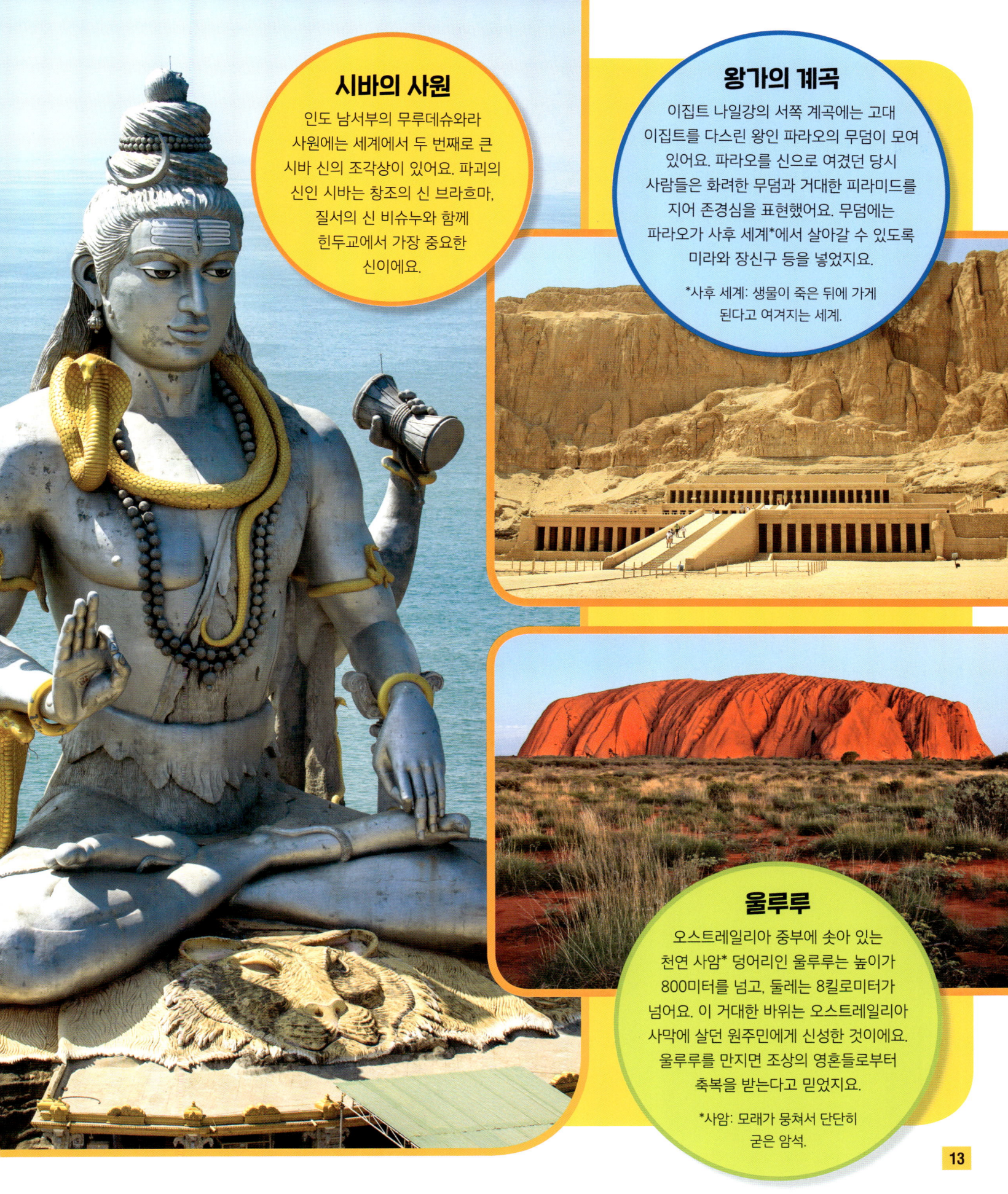

시바의 사원

인도 남서부의 무루데슈와라 사원에는 세계에서 두 번째로 큰 시바 신의 조각상이 있어요. 파괴의 신인 시바는 창조의 신 브라흐마, 질서의 신 비슈누와 함께 힌두교에서 가장 중요한 신이에요.

왕가의 계곡

이집트 나일강의 서쪽 계곡에는 고대 이집트를 다스린 왕인 파라오의 무덤이 모여 있어요. 파라오를 신으로 여겼던 당시 사람들은 화려한 무덤과 거대한 피라미드를 지어 존경심을 표현했어요. 무덤에는 파라오가 사후 세계*에서 살아갈 수 있도록 미라와 장신구 등을 넣었지요.

*사후 세계: 생물이 죽은 뒤에 가게 된다고 여겨지는 세계.

울루루

오스트레일리아 중부에 솟아 있는 천연 사암* 덩어리인 울루루는 높이가 800미터를 넘고, 둘레는 8킬로미터가 넘어요. 이 거대한 바위는 오스트레일리아 사막에 살던 원주민에게 신성한 것이에요. 울루루를 만지면 조상의 영혼들로부터 축복을 받는다고 믿었지요.

*사암: 모래가 뭉쳐서 단단히 굳은 암석.

신들도 서로 다투거나 전쟁을 한다고요?

신화에서는 온갖 싸움이 벌어져요.

신들은 늘 자신의 능력을 보여 주거나 명예를 지키기 위해 싸웠어요. 사소한 말다툼부터 여러 신이 맞붙는 큰 전투까지 이유도 규모도 다양하지요. 신과 괴물이 싸우기도 하고, 신과 인간이 싸우기도 했지요. 신들의 다툼은 사람들의 삶의 일부를 보여 주기도 해요. 사람들 역시 자주 다투었거든요. 전쟁이 일어나면 수많은 사람이 다치거나 죽었어요. 나라는 전쟁을 통해 생겨나고 무너졌지요. 그래서 여러 신화에서 전쟁의 신은 가장 강하고 무서운 신으로 불렸답니다. 옛사람들이 칼과 창으로 더 많은 땅을 차지하기 위해 싸웠다면, 신들은 세상을 파괴할 수도 있는 엄청난 힘으로 누가 세상을 지배할지 정하기 위해 싸웠어요.

힌두교 신들의 싸움

힌두교 신화에 나오는 데바*는 아수라*와 12번이나 격렬한 전투를 벌였어요.

상대: 선한 데바 VS 사악한 아수라

이유: 세계를 선과 악 중 어느 쪽이 지배할지 정하려고

장소: 지구, 하늘 위의 세계, 저승

전술: 육지와 물로 둘러싸인 세계에서 뱀, 용, 반은 사람 반은 사자 등의 모습으로 싸우기

결과: 데바가 12번째 전투에서 이겨서 아수라를 하인으로 삼았어요.

*데바: 힌두교 신화에서 '신', '하늘'을 의미하는 초자연적 존재.
*아수라: 데바의 적인 악신.

신들의 무기

신은 상상할 수도 없는 능력을 지니고 있어요. 자신의 힘을 상징하는 무기나 도구를 가진 신도 많았지요.

시바
힌두교 신화에서 파괴의 신인 시바는 끝이 세 개로 갈라진 창을 들고, 목에 뱀을 두르고, 황소를 타고 다녔어요.

토르
북유럽 신화에서 천둥의 신인 토르는 번개를 조종하는 망치인 묠니르를 휘둘러요. 묠니르는 던지면 다시 토르에게 돌아와요.

제우스
그리스 신화에서 하늘의 신인 제우스는 싸울 때 천둥번개를 사용해요. 적이나 벌을 받을 사람에게 번갯불을 던지지요.

오군
아프리카 신화에서 쇠, 칼, 전쟁의 신인 오군은 쇠칼을 휘둘러요.

북유럽 신화에서 최고의 신인 오딘은 거대한 괴물 늑대인 펜리르와 싸웠어요.

북유럽 신들의 전투와 새로운 시대

북유럽 신화에서는 신들 간의 격렬한 전투 끝에 온 세상이 파괴되고 말았지요. 이걸 라그나뢰크라고 한답니다. 하지만 걱정 말아요. 세계가 파괴된 후에 모든 것이 다시 새롭게 태어나니까요.

상대: 신 VS 신, 신 VS 거신, 신 VS 괴물

이유: 불과 파괴의 신인 로키가 순결과 빛의 신인 발데르를 죽여서

장소: 오딘이 다스리는 비그리드의 평원

전술: 홍수, 어둠, 불, 지진을 불러내어 세상을 파괴하기

결과: 오딘, 토르, 프레이야*, 로키를 비롯한 몇몇 신이 죽지만, 몇몇 신은 살아남아서 새롭게 탄생한 세상에서 살아가요.

*프레이야: 북유럽 신화에서 아름다움과 사랑, 다산의 신.

하와이 신화에서는 전쟁의 신인 쿠가 어둠을 가르고 세상에 빛을 비추었다고 말해요.

잠깐 상식! 신화는 그리스어로 미토스(Mythos)라고 해요. '이야기' 또는 '입으로 말하는 모든 것'을 뜻하지요.

전 세계에서 만날 수 있는 다양한 신화

흔히 '신화' 하면 그리스와 로마 신화를 떠올릴 거예요.

하지만 세계 여러 나라에는 그 지역의 특성과 사람들의 생각이 담긴 다양한 신화가 전해 내려와요. 우리나라에도 있답니다. 한 예로 고조선 건국 신화가 있지요. 하늘 신의 아들인 환웅과 곰에서 여자가 된 웅녀 사이에서 태어난 단군왕검이 우리나라 최초의 국가인 고조선을 세운 이야기예요. 다른 나라에는 어떤 신화가 전해질까요? 함께 알아보아요!

북아메리카 신화
코요테는 북아메리카의 여러 신화에 나오는 장난꾸러기 신이에요.

아스텍 신화
라틴 아메리카* 원주민이었던 아스텍 사람들은 신들을 모시는 시기를 표시하려고 달력을 썼을 거예요.

마야 신화
『포폴 부』라는 책에는 마야의 신화가 많이 기록되어 있어요. 창조신이 옥수수로 사람을 만들었다는 이야기도 실려 있지요.

지도 일러두기
① 색칠한 지역은 각 문화가 영향을 미친 영역이에요.
② 지도에 표시한 선과 이름은 현재의 나라 이름과 국경이에요.

전문가 인터뷰

신화는 대개 그 이야기가 만들어진 지역의 특징을 담고 있지만, 다른 지역의 영향을 받기도 해요. 그리스 신화에 나오는 그리핀은 머리와 앞발은 독수리, 뒷발과 꼬리는 사자의 모습을 하고 있어요. 이 동물은 이스라엘 전설 속 거대한 괴물 지즈에게서 유래했을 수도 있어요. 어떤 과학자는 몽골에서 발굴된 프로토케라톱스가 그리핀의 기원이라고 주장했어요. 날카로운 부리와 네발이 달린 생김새가 제법 닮았거든요.

*라틴 아메리카: 아메리카 대륙에서 라틴족의 지배를 받았던 지역. 북아메리카 남부와 남아메리카를 통틀어 이른다.

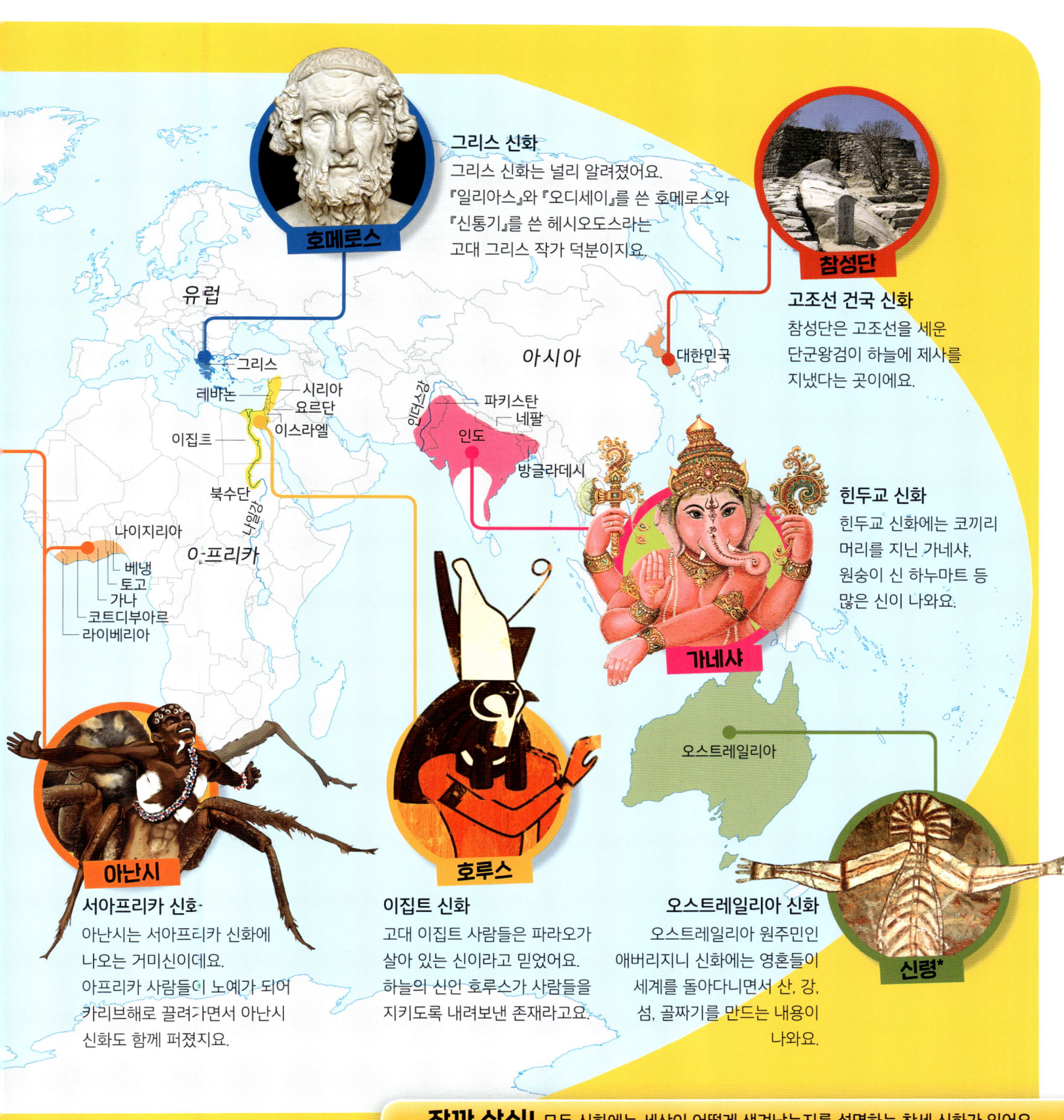

알쏭달쏭 신화 이야기
그리스 신들의 관계

우리 가족과 친척을 관계도로 나타내 보세요.

너무 복잡하다고요? 그리스 신들의 가계도를 확인한다면 그런 생각이 싹 사라질걸요. 오른쪽은 그리스 신화에 나오는 대표적인 신들의 이름과 관계를 나타낸 표예요. 놀라지 마세요. 이게 전부가 아니니까요!

우라노스 + 가이아

티탄

그리스 최초의 거대하고 강력한 신들이었어요. 싸움과 죄가 없고, 대지는 평화롭던 시대에 세상을 다스렸지요. 하늘의 신 우라노스와 대지의 신 가이아 사이에서 태어난 6명의 남신과 6명의 여신이 있어요.

코이오스
북쪽의 티탄
+
포이베
레토*의 어머니

크리오스
남쪽의 티탄

히페리온
동쪽의 티탄. 빛의 신
+
테이아
태양의 신 헬리오스와 달의 신 셀레네의 어머니

크로노스
시간의 신. 티탄들의 왕
+
레아
제우스의 어머니

므네모시네
기억과 언어의 신

이아페토스
서쪽의 티탄

오케아노스
바다의 신
+
테튀스
강의 신

테미스
법과 질서의 신

*레토: 아폴론과 아르테미스의 어머니.

크로노스 + 레아

올림포스의 신

크로노스와 레아가 낳은 6명의 자식들은 올림포스의 신이 되었어요. 올림포스산에 머물며 인간 세계를 다스렸지요.

- **제우스** 하늘의 신
- **헤라** 혼인과 출산의 신
- **포세이돈** 바다의 신
- **하데스** 저승의 신
- **헤스티아** 집과 가정의 신
- **데메테르** 수확의 신

포세이돈

헤라

제우스의 자식들

제우스는 아주 많은 자식을 낳았어요. 그중 몇몇은 올림포스의 신이 되었어요. 다음은 가장 잘 알려진 자식들이에요.

- **페르세우스** 머리카락이 모두 뱀인 괴물 메두사의 목을 벤 영웅
- **헤라클레스** 그리스 신화에서 가장 힘이 센 영웅
- **아폴론** 예술과 태양의 신
- **헬레네** 그리스 신화에서 가장 아름다운 여인
- **헤르메스** 신들의 명령을 전하는 신
- **아프로디테** 사랑의 신
- **아르테미스** 아폴론의 쌍둥이로 사냥과 치료의 신

제우스는 헤라와 결혼했어요.

그리스 신화에 나오는 영웅 테세우스는 반은 인간, 반은 황소의 모습인 괴물 미노타우로스를 없앴어요.
미노타우로스는 한번 들어가면 나오는 길을 찾기 어려운 미궁에 살았지요.

상상을 초월하는 신들의 능력과 삶

내가 만약 신이 된다면 어떨까요?

힘이 정말 세고, 엄청난 능력을 가진 신 말이에요! 상상만으로도 정말 멋지겠지요? 하지만 큰 힘에는 그만큼 큰 책임이 따른답니다. 사실 모든 신이 자신의 능력에 걸맞은 성품을 지닌 것은 아니랍니다. 성격이 이상하거나 질투심이 많은 신, 사람들이 자신을 우러러보고 값비싼 물건을 바치기를 원하는 신도 많았지요. 원하는 것을 얻지 못하면 고약하게 성질을 부리고 화를 내기도 했어요.

이탈리아 로마에는 로마 신을 모시는 **'판테온'**이 있어요. 판테온은 그리스어로 **모든 신** 또는 그들을 위한 **신전**을 의미해요.

자식을 먹는 신, 크로노스

그리스 신화에서 티탄의 왕이었던 크로노스는 자식들이 태어나자마자 먹어 치웠어요. 자식들에게 자기의 자리를 빼앗길까 두려웠기 때문이지요. 크로노스의 아내인 레아는 크로노스가 자식을 잡아먹지 못하게 하려고 속임수를 썼어요. 갓 태어난 제우스 대신 돌을 담요로 감싸 크로노스에게 주었지요. 덕분에 목숨을 건진 제우스는 어른이 된 뒤 크로노스의 음식에 독을 탔고, 독을 먹은 크로노스는 배 속에 있는 자식들을 다 토해 냈어요. 형제자매들과 함께 달아난 제우스는 저승의 감옥에 갇혀 있던 눈이 하나뿐인 거신족* 키클롭스를 풀어 주었어요. 그러고는 키클롭스와 함께 크로노스와 티탄들을 물리쳤어요.

*거신족: 몸이 아주 큰 신의 무리.

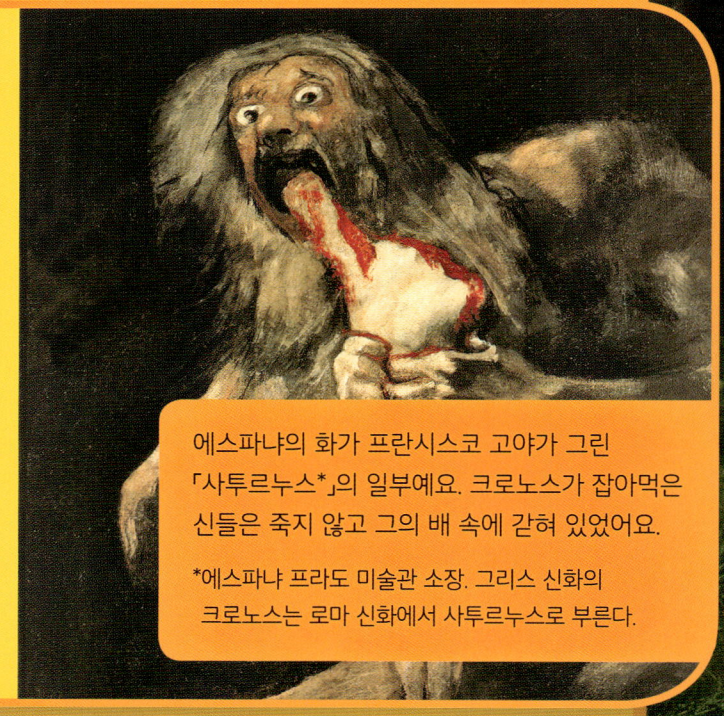

에스파냐의 화가 프란시스코 고야가 그린 「사투르누스*」의 일부예요. 크로노스가 잡아먹은 신들은 죽지 않고 그의 배 속에 갇혀 있었어요.

*에스파냐 프라도 미술관 소장. 그리스 신화의 크로노스는 로마 신화에서 사투르누스로 부른다.

잠깐 상식! 여러 신화에서 신은 대부분 사람이나 동물의 모습이에요. 신과 사람, 신과 동물 등을 반반씩 섞은 모습도 있지요.

묘지와 무덤은 죽을 수밖에 없는 생물을 위한 것이에요. 신에게는 필요 없지요.

신과 사람 사이

신은 대개 영원히 살 수 있고, 죽었다가 다시 태어나기도 해요. 하지만 사람은 언젠가는 죽지요. 그렇다면 그리스와 로마 신화에서 신과 사람 사이에 태어난 반신반인은 어떨까요? 절반은 신이어서 사람보다 강하고 용맹하지만, 절반은 사람이어서 죽을 수 있어요. 한편 힌두교 신화에서 반신반인은 신이 된 인간을 뜻하죠.

신들의 반려동물

케르베로스

그리스 신화에 나오는 케르베로스는 저승의 문을 지켜요. 생김새는 개를 닮았는데 머리가 세 개나 있고 사나워서 누구도 케르베로스 몰래 저승으로 들어갈 수 없어요.

아킬라

제우스의 반려동물은 독수리인 아킬라예요. 때로는 제우스의 명령을 받아 다른 신과 사람들에게 벌을 주어요. 프로메테우스의 간을 매일 쪼아 먹었지요.

슬레이프니르

오딘이 타는 말이에요. 다리가 8개나 달려서 세상에서 가장 빠른 말이지요.

하늘을 나는 말

그리스 신화에서 날개 달린 말인 페가수스는 바다의 신 포세이돈과 머리카락이 뱀인 괴물 메두사 사이에서 태어났어요. 영웅 벨레로폰은 페가수스를 타고 머리가 세 개이며 입에서 불을 뿜는 괴물 키메라를 없앴지요.

새의 부리와 날개가 달린 사자

그리스 신화에 나오는 그리핀은 강력하고 고귀한 존재예요. 진정한 동물의 왕이고요. 머리와 앞다리는 독수리, 뒷다리와 꼬리는 사자예요. 그리핀은 신들의 보물을 지키고, 자기의 짝과 함께 평생을 살았어요.

피리 부는 염소

그리스 신화에 나오는 사티로스는 얼굴은 사람의 모습이지만 작은 뿔이 달렸고, 다리는 염소의 모습이에요. 포도 수확의 신인 디오니소스를 따르며 함께 음악과 술을 즐겨요. 예술 작품에서 피리를 부는 모습으로 자주 나온답니다.

신화 속 신비로운 상상의 생물들

신화에는 수수께끼 같은 상상 속 생물이 가득해요.

신화 속에 나오는 신기한 상상의 생물들은 어떻게 만들어졌을까요? 어떤 생물은 여러 동물을 뒤섞은 것처럼 보이지만, 또 어떤 생물은 무엇을 본떴는지 전혀 알 수 없는 것도 있어요. 신화에 등장하는 몇몇 상상의 생물은 괴물과 달리 신과 사람을 도와요. 적어도 사람을 잡아먹지는 않지요!

비와 무지개의 뱀

아프리카 신화에 나오는 분지는 비를 내리는 거대한 뱀이에요. 무지개의 모습으로 나타나기도 하지요. 아프리카에서 뱀은 부활을 상징했어요. 뱀이 계속 허물을 벗으면서 영원히 산다고 생각했기 때문이지요.

새처럼 생긴 신

힌두교 신화에 나오는 가루다는 새처럼 생긴 신이에요. 손목과 허리에 뱀을 감고 있기도 하지요. 가루다를 비슈누가 타고 다녀요. 신이 다른 신을 타고 다닌다니 놀랍지요? 해와 불을 상징하는 가루다는 이름이 적어도 12개가 넘는답니다.

잠깐 상식! 제우스는 페가수스를 별자리로 만들었어요. 가을철 밤하늘에서 4개의 별이 커다란 정사각형을 이루고 있지요.

흥미진진한 신들의 사랑 이야기

신들도 서로 사랑에 빠져요!
열정적으로 사랑하고, 사랑 때문에 흥미진진한 모험도 떠나지요. 사랑, 증오, 분노, 질투 같은 강한 감정은 신들도 다스리기 어려운가 보아요. 신화 속 사랑과 사랑 때문에 벌어지는 전쟁 이야기는 신들이 감정을 조절하지 못했을 때 어떤 일들이 벌어지는지 보여 주지요.

숫자로 알아보아요!

3 아프로디테를 돕는 사랑의 신 에로스의 수.

7 이집트의 사랑의 신 하토르가 주관하는 주요 업무. 하늘, 태양, 음악과 춤과 기쁨, 사랑, 모성, 무역, 사후 세계.

8 아스텍 신화에서 사랑과 열정을 주관하는 신의 수.

13 힌두교 신화에서 사랑의 신인 카마가 가진 이름의 개수.

사랑이 일으킨 트로이아* 전쟁
위 그림은 이탈리아의 화가 루카 조르다노가 그린 「헬레네의 납치*」예요. 헬레네는 그리스 신화 속 가장 유명한 사랑 이야기의 주인공이에요. 세상에서 가장 아름다운 여성으로 알려진 헬레네는 스파르타의 왕 메넬라오스와 결혼했어요. 그런데 아름다움과 사랑의 여신인 아프로디테가 트로이아의 왕자 파리스에게 헤라와 아테나보다 자신이 더 아름답다고 말해 주기만 하면, 헬레네를 주겠다고 약속했지요. 파리스는 아프로디테의 편을 들어주고는 헬레네를 데리고 트로이아로 떠났어요. 메넬라오스왕은 헬레네를 되찾기 위해 그리스 군대를 이끌고 트로이아를 공격했어요. 그리스군은 커다란 목마를 만들어 그 안에 숨어서 트로이아의 성벽 안으로 들어갔지요. 이로써 10년 동안 이어진 전쟁은 그리스의 승리로 끝났어요.

*흔히 알려진 '트로이'는 트로이아의 영어식 발음이다.
*프랑스 캉 미술관 소장.

잠깐 상식! 에로스가 쏜 금화살에 맞으면 가장 먼저 본 사람이나 동물을 사랑하게 된다고 해요.

로마 신화 속 사랑의 신

로마 신화 속 사랑의 신 베누스는 예술가들이 좋아하는 신이에요. 위의 그림은 이탈리아의 화가 산드로 보티첼리가 그린 「비너스의 탄생*」이지요. 많은 이들이 아름다운 베누스의 사랑을 얻으려 노력했지만, 베누스는 대장간의 신 불카누스와 결혼했어요. 로마 최고의 신 유피테르가 불카누스의 성실함을 좋게 보고 베누스와 인연을 맺게 해 주었거든요.

*이탈리아 우피치 미술관 소장.
 비너스는 베누스의 영어 이름이다.

북유럽 신화 속 사랑의 신

아름다움과 사랑의 신인 프레이야는 전쟁과 죽음의 신이기도 해요. 프레이야는 고양이 두 마리가 끄는 전차를 타고 다녀요. 매의 깃털로 만든 망토를 두르고 마법 목걸이를 걸고 있지요. 프레이야는 사랑에 빠진 사람들을 돕고, 전쟁터에서 죽은 이들 중 절반을 사후 세계로 데려가는 일도 해요.

쿠피도의 화살

로마 신화에 나오는 쿠피도는 베누스의 아들이에요. 활과 화살을 든 날개 달린 아기 천사의 모습이지요. 쿠피도의 화살에 맞으면 다른 사람을 사랑하게 되어요. 또 쿠피도는 횃불도 갖고 다니는데 사랑에 빠지면 가슴이 불타오르는 것을 상징하지요.

*흔히 알려진 '큐피드'는 쿠피도의 영어식 발음이다.

힌두교 신화 속 사랑의 신

사랑과 욕망의 신 카마는 녹색 피부를 가진 젊고 멋진 신이에요. 새를 타고 다니며 사탕수수로 만든 활로 향긋한 꽃이 달린 화살을 쏘는 사랑의 전사랍니다.

전문가 인터뷰

그리스 신화에 나오는 아마존은 여자 전사 부족이에요. 아름답고 용맹하지요. 아마존은 활을 잘 쏘았던 서아시아의 유목민인 스키타이족 여자들과 닮았어요. 헤라클레스, 테세우스, 아킬레우스* 같은 영웅들은 아마존과 맞섰지요. 그러다 그들의 용맹함과 미모를 사랑하기도 했답니다. 독립심 강하며 사랑스러운 아마존의 신화에는 여자와 남자가 대등하다는 생각이 담겨 있어요.

*아킬레우스: 트로이아 전쟁에서 활약한 그리스 신화에 나오는 영웅.

세상을 구하는 영웅들

영웅이 위험을 무릅쓰고 모험을 떠난 이야기는 무척 흥미진진해요.

신화에 영웅의 활약이 담겨 있는 것은 나름의 목적이 있어요. 그 이야기를 들은 사람들에게 용맹함과 도전의 가치를 가르쳐 주기 위함이지요. 또 살아가면서 자신의 삶을 스스로 헤쳐 나갈 수 있음을 깨닫게 해 주어요. 영웅이 도저히 불가능할 것 같은 일에 도전하고, 신에게 용감하게 맞서는 모습을 본 사람들은 더 이상 천둥번개 같은 사소한 자연 현상을 두려워하지 않게 될 테니까요.

바다 괴물을 물리친 도코요

일본 신화에 나오는 요후네누시는 빛나는 비늘로 덮인 사나운 바다 괴물이었어요. 시마네현 오키 제도 인근의 바다를 지배하면서 해마다 여자아이를 제물*로 받았어요. 사람들이 제물을 내놓지 않으면 폭풍을 일으켜서 고기잡이배를 침몰시켰지요. 그러던 어느 해에 영웅 도코요가 바다 괴물에게 가겠다고 나섰어요. 도코요는 괴물이 지내는 바다 동굴로 들어가 괴물이 모습을 드러내자 단검으로 눈을 찔러 물리쳤지요.

*제물: 제사 때 바치는 물건이나 짐승. 또는 희생된 사람을 이르는 말.

영웅을 보호하는 신

신의 자식이거나 특별한 능력이 있는 영웅들도 도움이 필요할 때가 있어요. 그리스 신화에는 아테나가 있지요. 아테나는 지혜와 전쟁의 신이었지만, 가장 중요한 역할은 영웅을 보호하는 것이었어요.

헤라클레스의 실수

헤라클레스는 제우스가 아내인 헤라가 아닌 다른 사람 사이에서 낳은 아들이었어요. 제우스가 헤라클레스를 아끼자 헤라는 그를 몹시 미워했지요. 결국 헤라의 저주를 받은 헤라클레스는 부인과 아이들을 제 손으로 죽이고 말았어요. 헤라클레스가 자신의 죄를 빌자 신들은 용서의 대가로 12가지 일을 주었지요.

12가지 일 목록

- ☑ 네메아 골짜기에 사는 사자 죽이기.
- ☑ 머리가 여러 개인 바다뱀 히드라 없애기.
- ☑ 엄청나게 빠른 케리네이아의 사슴 사로잡기.
- ☑ 닥치는 대로 먹어 치우는 에리만토스산의 멧돼지 잡기.
- ☑ 30년 동안 싼 말똥이 가득한 아우게이아스의 마구간 청소하기.
- ☑ 스팀팔로스 호수에서 사람을 해치는 괴물 새 쫓기.
- ☑ 미노타우로스의 아버지인 크레타 황소 사로잡기.
- ☑ 사람을 잡아먹는 디오메데스의 암말 떼 몰고 오기.
- ☑ 아마존의 여왕 히폴리테의 허리띠 훔치기.
- ☑ 3개의 몸, 3개의 머리, 6개의 손과 발을 지닌 괴물 게리온의 소 훔치기.
- ☑ 헤스페리데스의 비밀 정원에서 황금 사과 가져오기.
- ☑ 케르베로스 사로잡기.

미노타우로스를 처치한 테세우스

영웅도 때로는 지혜로운 누군가의 도움이 필요하기도 해요. 그리스 신화에서 아테네는 괴물 미노타우로스의 제물이 될 사람들을 뽑아 크레타로 보낼 수밖에 없었어요. 아테네의 왕자 테세우스는 미노타우로스를 없애기 위해 스스로 크레타로 향했지요. 테세우스를 보고 한눈에 사랑에 빠진 크레타의 공주 아리아드네는 그에게 몰래 실타래를 주었어요. 테세우스는 실을 풀면서 미궁에 들어갔고, 실을 되감으면서 빠져나오는 길을 찾을 수 있었지요. 미노타우로스를 죽인 테세우스는 미궁 속에 갇혀 있던 아테네 사람들을 구해 입구로 향했어요. 밖에서 기다리던 아리아드네는 미궁의 문을 열어 테세우스 일행이 빠져나올 수 있게 도왔답니다.

히드라는 머리가 잘리면 다시 자라고 피에 독이 있는 괴물이에요.

잠깐 상식! 전 세계 신화에 나오는 많은 영웅들이 반신반인이었어요.

찰칵! 신화 사진전
예술 작품 속 신화

신화 속의 신과 괴물은 예술 작품의 아주 좋은 소재예요.
전 세계 곳곳의 건축물과 조각품, 그림 등에서 신화의 주인공들을 만날 수 있지요. 그중 몇 가지를 확인해 볼까요?

이탈리아의 화가 파올로 파가니가 그린 「헤라클레스와 케르베로스」예요. 케르베로스는 그리스 신화의 죽음의 신 하데스와 함께 그려지기도 하지요.

오스트리아 빈에 있는 팔라스 아테나 분수예요. 오스트리아의 의회의사당 앞을 아테나 조각상이 지키고 있어요.

미국 뉴욕 록펠러 센터 앞에는 프로메테우스의 조각상이 있어요.

슬로베니아의 류블랴나에 있는 용 조각상이에요. 그리스 신화의 영웅 이아손이 용을 무찌르고 이 도시를 세웠다는 전설이 있어요.

영국 이스트런던대학교 예술 도서관에 있는 지팡이예요. 투루포우라고 불러요. 뉴질랜드 원주민 마오리족의 신화에서는 투루포우를 땅에 꽂으면, 그곳은 신을 위한 임시 사원이 된다고 해요.

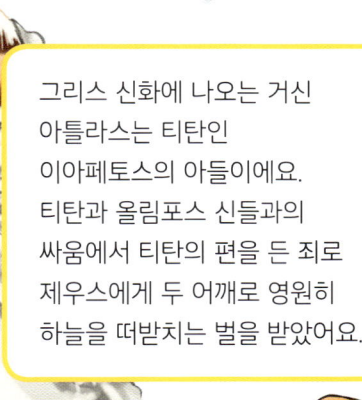

그리스 신화에 나오는 거신 아틀라스는 티탄인 이아페토스의 아들이에요. 티탄과 올림포스 신들과의 싸움에서 티탄의 편을 든 죄로 제우스에게 두 어깨로 영원히 하늘을 떠받치는 벌을 받았어요.

그리스 신화에서 이마에 눈이 하나 달린 거신 폴리페모스는 사람을 잡아먹었어요. 폴리페모스에게 잡힌 영웅 오디세우스는 그를 속여 눈을 멀게 한 뒤 도망쳤지요.

3
세상을 파괴하는 신과 괴물

규칙을 깨는 장난꾸러기 트릭스터

장난꾸러기는 어디에나 있지요.

남자든 여자든 규칙을 따르지 않고 장난치는 걸 좋아하는 사람 말이에요. 많은 신화 속에도 다른 신이나 인간에게 장난을 치는 장난꾸러기 신이나 정령이 나와요. 영어로는 '트릭스터'라고 해요. 트릭스터는 사람을 돕기 위해서 신들을 화나게 하기도 해요. 그러다 신들의 처벌을 받는 경우도 있지요.

불을 선물하고 벌을 받은 프로메테우스

많은 신화에서 최초의 사람들은 신을 섬기면서 살아가요. 하지만 트릭스터가 나타나 사람들에게 새로운 것을 알려 주면서 사람들의 삶의 방식은 전혀 달라지지요. 그리스 신화에서 프로메테우스가 바로 트릭스터 같은 신이에요. 프로메테우스는 하늘에서 사람들을 내려다보다가 엄청난 일을 저질렀거든요. 바로 올림포스 신들에게서 불을 훔쳐 사람들에게 준 거예요. 불을 다룰 수 있게 된 사람들이 신에게 덜 의지하자 제우스는 화가 났어요. 제우스는 프로메테우스에게 산에 묶여서 매일 독수리에게 간을 뜯어 먹히는 벌을 내렸어요. 밤이 되면 간은 다시 자랐고, 고통은 영원히 계속되었지요. 한편 사람들은 불을 이용해 위대한 문화를 만들어 냈어요. 더 많은 지식을 얻게 되고, 생활 방식도 점점 발전을 이루었지요. 그래서 프로메테우스는 사람들에게 문화와 지성의 신으로 불려요.

잠깐 상식! 우리나라의 도깨비도 트릭스터에 가까운 존재랍니다.

마른 땅에 소나기를 내린 아난시

서아프리카 신화에서는 지식과 이야기의 신인 아난시가 트릭스터예요. 실수로 왕이 아끼는 양을 죽여서 그 벌로 거미가 되었지요. 언젠가 하늘의 신인 니아메가 아주 뜨거운 태양을 만들었어요. 그러자 아난시는 니아메를 속여서 사람들이 사는 땅에 시원한 비를 내리게 했지요.

신들을 위기에 빠트린 로키

북유럽 신화의 트릭스터는 로키예요. 로키에게는 변신하는 능력이 있었는데, 다른 신으로 변신하거나 성별을 바꾸면서 장난을 쳤어요. 로키는 거신족이 영원한 젊음의 신인 이둔의 사과를 훔칠 수 있게 돕기도 했어요. 신들이 이둔의 사과가 사라져서 먹지 못하면 늙어 죽는데도 말이에요.

꾀 많은 코요테

코요테는 북아메리카 신화에 많이 나오는 트릭스터예요. 불을 가진 천둥과 벌인 주사위 게임에서 이긴 뒤, 불을 얻어 내 사람들에게 전해 주었어요. 한편 코요테는 창조신과 가까운 사이였어요. 어느 날 창조신은 세상에 홍수를 일으켜서 사람들을 다 없애기로 마음먹었어요. 그러자 코요테는 사람들에게 커다란 배를 만들어서 홍수를 피하라고 알려 주었지요.

으앗, 무시무시한 괴물들이에요!

**눈에서 불을 내뿜는다고요?
손에 뱀이 우글거린다고요?**

신화에는 무서운 꿈에서나 볼 법한 괴물들도 나와요. 하지만 이런 무시무시한 괴물이 있어야 영웅의 활약이 더 빛을 발하겠지요? 괴물 중에는 신에게서 태어난 자식도 있었어요. 그리스 최초의 신인 우라노스와 가이아는 티탄뿐 아니라 다른 존재도 많이 낳았는데, 그중에는 괴물도 있었지요. 또 화가 난 신이 인간을 해치려고 만든 괴물도 있었어요.

티폰

사는 곳: 고대 그리스
부모: 저승의 신 타르타로스와 땅의 신 가이아
적: 제우스와 모든 신들
능력: 입에서 내뿜는 불, 무서운 고함, 거센 폭풍

그리스 신화에서 가장 강력하고 위험한 괴물이에요. 티폰은 아내 에키드나 사이에서 키메라, 케르베로스, 네메아 사자 같은 무시무시한 괴물을 낳았어요. 티폰의 눈에는 불꽃이 일고, 손가락과 다리에는 쉭쉭거리는 뱀들이 달렸어요.

우리나라에는 용이 되려고 1000년을 기다리는 **괴물**인 **이무기**가 있어요.

잠깐 상식! 메두사는 너무나 무시무시하게 생겨서 그 얼굴을 쳐다본 사람들은 겁에 질려 돌이 되어 버렸대요.

키메라

사는 곳: 고대 터키
부모: 티폰과 에키드나
적: 영웅 벨레로폰
능력: 불타는 숨결과 독 이빨

신화 속에서 가장 괴상한 생김새의 괴물일 거예요. 몸 앞쪽은 불을 뿜는 사자의 머리예요. 몸 중간에는 염소의 머리가 튀어나와 있고, 꼬리에는 용 또는 뱀의 머리가 달려 있어요.

미노타우로스

사는 곳: 고대 그리스
부모: 크레타 황소와 크레타 왕비 파시파에
적: 영웅 테세우스
능력: 엄청난 힘

반은 인간이고 반은 황소인 괴물 미노타우로스는 미궁에 살아요. 크레타의 왕비인 파시파에가 황소를 사랑한 끝에 낳은 이 괴물을 크레타의 미노스왕이 미궁에 가두어 버린 거지요. 이 미궁에 들어간 사람은 영원히 나오지 못해요. 미노타우로스와 마주쳐서 잡아먹히고 마니까요.

기린

사는 곳: 동아시아
부모: 알 수 없음.
적: 나쁜 짓을 하는 사람
능력: 신른한 숨결

기린은 사슴의 몸에 소의 꼬리, 말의 발을 닮았어요. 또 갈기가 있고, 오색의 털로 덮여 있어요. 착한 사람을 괴롭히는 이들에게 벌을 주고 훌륭한 사람이 태어난다는 소식을 알리러 나타나지요.

폴리페모스

사는 곳: 고대 그리스
부모: 바다의 신 포세이돈과 바다의 요정 토오사
적: 영웅 오디세우스
능력: 바위 던지기, 엄청난 힘

눈이 하나밖에 없는 거신 폴리페모스는 바위를 던져서 지나가는 배를 침몰시켰어요. 그리고 해안으로 헤엄쳐 온 뱃사람들을 잡아먹었지요.

숫자로 알아보아요!

1개 거신족 키클롭스의 이마에 있는 눈의 수.

6개 그리스 신화에 나오는 바다 괴물 스킬라의 머리 수.

8개 오딘이 타는 말인 슬레이프니르의 다리 수.

9개 우리나라에 전해지는 사람의 간을 빼먹는 괴물 구미호의 꼬리 수.

15미터 크라켄*의 원조 동물로 여겨지는 대왕오징어 수컷의 최대 몸길이.

*크라켄: 북유럽 신화에 나오는 거대한 바다 괴물.

신들이 세상에 재앙을 일으켰다고요?

자연 현상은 왜 일어날까요?

오랜 옛날, 사람들은 신들이 화가 나면 화산, 홍수, 지진 같은 자연재해가 일어난다고 생각했어요. 기상학자도, 날씨 예보도 없었던 시대니까요. 모든 자연재해는 수수께끼처럼 알 수 없는 이유로 닥치는 걸로 보였지요. 고대 그리스 사람들은 지진이 일어나면 바다의 신 포세이돈이 화가 나서 끝이 세 개로 갈라진 삼지창을 휘둘렀다고 생각했대요.

불카누스를 기리는 축제

로마 신화에 나오는 불카누스는 불, 화산, 대장장이, 요리, 빵의 신이었어요. 로마 사람들은 늦여름인 8월 23일에 불카누스를 위한 '불카날리아'라는 축제를 열었지요. 로마 곳곳에서 모닥불에 작은 동물이나 붉은 황소를 태우는 제사가 열렸고, 모든 시민이 축제에 참석해 불카누스를 기렸어요.

전문가 인터뷰

새로운 학문인 지질신화학은 오랜 옛날의 신화를 조사해요. 신화에 나오는 재앙이 실제로 일어난 사건인지, 옛사람들이 지진, 홍수, 지진 해일, 화산 같은 자연 현상을 어떻게 이해하고 있었는지를 연구하지요. 지질신화학은 과학의 한 분야는 아니에요. 신화에서는 자연 현상을 신과 괴물이 일으켰다는 이야기로 들려주니까요. 하지만 놀랍게도 수천 년 전에 실제로 일어난 화산, 지진, 홍수, 가스 폭발, 지진 해일 같은 자연재해가 신화 속에 정확하고 자세하게 기록되어 있기도 한답니다.

지진을 일으키는 물고기

일본 신화에서는 진흙 속에 사는 거대한 메기 나마즈가 지진을 일으켜요. 천둥과 칼의 신인 카시마가 지진을 막기 위해 큰 돌로 나마즈를 눌러놓았는데 카시마가 잠시 한눈을 팔 때면, 나마즈가 돌에서 빠져나가려고 몸부림을 쳐서 지진이 일어난다고 해요.

그리스 신화에 나오는 **네레이스**는 폭풍우로 바다에 빠진 **뱃사람**을 돕는 **바다 요정**이에요.

열어서는 안 되는 판도라의 상자

그리스 신화에 나오는 판도라의 상자는 세상의 모든 악이 왜 생겼는지 설명해 주어요. 프로메테우스가 인간에게 불을 전해 준 것을 알고 화가 난 제우스는 최초의 여자 사람인 판도라에게 상자를 하나 주었어요. 질병, 갈등, 가난 같은 온갖 고통과 악이 들어 있었지요. 제우스는 절대로 상자를 열지 말라고 했지요. 하지만 궁금함을 참지 못한 판도라는 상자를 열고 말았고, 온 세상에는 사람을 괴롭히는 모든 고통과 악이 퍼지게 되었어요.

잠깐 상식! 옛날 하와이 사람들은 불의 여신 펠레가 킬라우에아 화산에 산다고 믿었어요.

신화 속 주인공은 죽으면 어떻게 되나요?

사람은 누구도 죽음을 피할 수 없어요.
신화에 나오는 주인공들도 죽음을 맞지요. 하지만 신화에서는 죽은 사람의 몸에서 빠져나온 영혼이 저승으로 가요. 저승은 살아 있는 동안 한 일을 심판받는 장소이기도 해요. 저승을 다스리는 신은 영혼을 심판하여 상이나 벌을 내리고, 저승에서 어떻게 지낼지 결정했어요.

저승으로 가는 길

하데스는 그리스 신화에서 저승의 신을 가리키는 이름이자, 저승을 이르는 말이기도 해요. 그런데 죽은 사람이 모두 하데스로 가는 것은 아니에요. 현실 세계에 남아 있는 사람이 죽은 사람의 입에 동전을 넣어 주어야 하지요. 저승으로 가는 배를 부리는 카론에게 주는 뱃삯이에요. 현실 세계와 저승 사이에는 스틱스강이 있는데, 카론은 돈을 낸 영혼만 배에 태웠거든요.
그리스 신화에서 저승은 몇 곳으로 나뉘어 있어요. 용감한 영웅이나 좋은 일을 많이 한 영혼이 지내는 낙원이 있는가 하면 사악한 신과 괴물이 득실거리는 곳도 있지요.
한편 우리나라 저승 설화에서는 염라대왕의 이야기가 전해져요. 염라대왕은 저승에 떨어진 사람이 살았을 때 지은 죄를 심판하는 왕이에요. 심부름꾼으로 저승사자를 부려요. 저승사자는 염라대왕의 명령을 받고 죽은 사람의 영혼을 저승으로 데려갔지요.

저승의 신 하데스가 영혼들이 배에 실려 스틱스강을 건너오는 모습을 지켜보고 있어요. 머리가 셋 달린 케르베로스도 있어요.

잠깐 상식! 그리스 신화에 나오는 시인이자 음악가 오르페우스는 죽은 아내 에우리디케를 되살리기 위해 저승으로 들어가요.

발키리는 날개 달린 말을 타는 여자 전사들이에요. 전투에서 죽은 용감한 전사들을 발할라로 데려가지요.

죽은 이들의 궁전

북유럽 신화에서 발할라는 용감한 전사들이 죽은 뒤 가는 궁전이에요. 최고의 신인 오딘이 발할라를 다스리지요. 사람이나 신이 발할라로 가려면 발키리의 도움이 필요해요. 발키리는 죽은 사람들 중 절반을 발할라로 데려갔어요. 나머지 절반은 여신 프레이야가 다스리는 폴크방으로 갔지요. 죽은 이들은 발할라와 폴크방에서 꿀술을 마시면서 새로운 세계가 열릴 날을 기다려요.

심장의 무게

이집트 신화에서 죽은 사람은 미라가 되어요. 죽은 사람의 영혼은 사후 세계의 신인 아누비스(위 그림에서 왼쪽 두 번째)의 심판을 통과해야 해요. 자칼*의 머리를 한 아누비스는 죽은 사람의 심장에 든 진실의 무게를 재서 영혼의 운명을 결정해요. 착한 사람은 심장이 가볍지만 나쁜 짓을 저지른 사람은 심장이 무거워요. 심판에서 탈락한 영혼은 악어 얼굴을 한 괴물의 먹이가 되지요.

*자칼: 개과의 포유류. 승냥이와 여우의 중간형이다.

신화 vs 현실 닮은 듯 달라요!

신화에 나오는 괴물이나 신들을 어디서 본 것 같다고요?

신화학자들은 신화에 나오는 많은 생물들이 자연에서 본뜬 것이라고 말해요. 하지만 현실에 없는 것을 상상하여 만든 것도 있지요. 사람들은 한번도 보지 못한 미지의 존재를 더 신비롭게 느끼니까요. 지금부터 신화의 주인공과 현실의 생물 중 닮은 꼴을 찾아볼까요?

용일까요, 공룡일까요?

공룡 화석을 발견한 옛날 사람들은 아마 그 크기에 놀랐을 거예요. 하지만 그들은 공룡이 뭔지 몰랐지요. 신화에 나오는 용은 공룡의 뼈를 보고 만들어 낸 것일지도 몰라요.

반은 인간이고 반은 말인 존재

사람이 말을 타고 달리는 모습을 한 몸이라고 상상해 보세요. 고대 그리스 신화에 나오는 켄타우로스는 이렇게 만들어진 게 아닐까요?

긴 다리를 가진 바다 괴물

크라켄은 여러 개의 긴 다리로 배를 공격하는 거대한 바다 괴물이에요. 사람들이 깊은 바다에 사는 대왕오징어나 커다란 문어를 괴물로 착각한 것일 수도 있어요.

꼬리지느러미를 가진 사람

인어는 사람의 몸에 다리가 아니라 꼬리지느러미가 달려 있어요. 어쩌면 느릿느릿 우아하게 헤엄치는 매너티를 보고 상상해 낸 모습일 수도 있어요.

뿔이 있는 고래와 말

일각돌고래는 머리에 뿔처럼 보이는 엄니가 하나 솟아 있어요. 아마 이 동물을 보고 머리에 뿔이 달린 말인 유니콘을 상상했을 거예요.

힌두교 신화에서 시바의 아들인 가네샤는 코끼리 머리에 4개의 팔이 있어요. 지혜와 문학의 신이면서, 장사가 잘되게 도와준다고 해요.

4 재미있는 세계의 신화 이야기

신화와 영화 속 주인공, 짝을 지어 볼까요?

신화는 아주 오래전 이야기지만, 오늘날 우리가 보기에도 재미있어요.

헤라클레스, 오디세우스 같은 신화 속 영웅 이야기는 언제 들어도 흥미진진해요. 그래서 소설이나 드라마, 영화를 만드는 작가들은 여러 가지 신화를 색다르게 바꾸어서 더 재미난 이야기로 만들기도 하지요. 그렇게 탄생한 것이 지금부터 살펴볼 영화들이에요! 놀라운 능력을 가진 신화의 주인공들이 어떤 모습으로 등장하는지 함께 알아보아요.

영화: 「헝거 게임」의 캣니스

「헝거 게임」은 12개의 구역으로 나누어진 독재 국가에서 벌어지는 이야기예요. 국가의 수도와 전쟁을 벌여서 패배한 구역은 목숨을 건 게임에 참가할 남녀 젊은이를 1명씩 뽑아서 수도로 보내요. 영화의 주인공 캣니스는 동생을 대신해서 게임에 나가요.

신화: 아테네의 왕자 테세우스

크레타와의 전쟁에서 패배한 아테네는 시민 14명을 뽑아 크레타에 보내요. 미궁으로 던져진 아테네 사람들은 미노타우로스의 먹이가 되지요. 스스로 크레타로 간 테세우스는 아리아드네의 도움을 받아서 미노타우로스를 물리쳐요.

영화: 「어벤져스」 시리즈의 토르

북유럽 신화에서 천둥의 신인 토르는 1962년 처음 만화책에 등장했어요. 나중에는 지구를 지키는 슈퍼히어로 팀인 어벤져스에도 합류하지요. 토르를 주인공으로 다룬 영화들은 대부분 성공을 거두었어요.

신화: 천둥의 신 토르

토르는 마법 허리띠를 두르고, 쇠 장갑을 낀 손으로 묠니르라는 망치를 휘둘러요. 다른 신들의 도움을 받아 뱀의 모습을 띤 괴물로부터 사람들을 지키지요.

잠깐 상식! 게임 속에도 신화가 숨어 있어요. 게임 개발자들은 게임의 배경, 캐릭터, 무기 등을 만들 때 신화에서 아이디어를 빌려 오지요.

영화: 「퍼시 잭슨과 번개 도둑」의 퍼시
책을 바탕으로 만든 이 영화에서 퍼시는 포세이돈의 아들이에요. 번개를 찾으러 떠난 모험에서 메두사의 목을 베어요.

신화: 그리스의 영웅 페르세우스
제우스의 아들인 페르세우스는 세리포스섬의 왕인 폴리덱테스의 명령을 받아 메두사의 목을 베어 죽여요.

영화: 「해리 포터」 시리즈의 플러피
「해리 포터」 시리즈에서 호그와트 학교의 숲지기가 된 해그리드는 한 그리스 사람에게 머리가 세 개 달린 개를 얻어 '플러피'라는 이름을 붙여 주었어요. 플러피는 마법사의 돌이 있는 방을 지키는데, 해리 포터가 피리를 불어서 플러피를 잠들게 해요.

신화: 저승문을 지키는 케르베로스
그리스 신화에서 케르베로스도 머리가 세 개 달린 개예요. 저승으로 가는 입구를 지킨답니다. 죽은 아내를 찾아 저승으로 간 오르페우스는 리라*를 연주해서 케르베로스를 잠들게 해요.

*리라: 하프와 비슷한 고대 그리스의 작은 현악기.

슈퍼히어로

현대의 슈퍼히어로 중 여럿은 그리스 신화 속 영웅을 토대로 했어요. 신화 속 영웅과 슈퍼히어로를 짝지어 보세요.

❶ **헤라클레스:** 힘이 아주아주 센 영웅이에요. (   )

❷ **아킬레우스:** 어떤 무기로도 뚫을 수 없는 피부를 지녔어요. 하지만 약점이 한 군데 있었어요. 바로 발목이었지요. (   )

❸ **아탈란타:** 누구보다도 빠르게 달릴 수 있었어요. (   )

Ⓐ 아이언맨
총알을 거뜬히 막아 내요.

Ⓑ 플래시
빛처럼 빨라요.

Ⓒ 슈퍼맨
강철처럼 강해요.

나만의 상상 속 동물을 만들어 보아요!

신과 사람을 도와주는 존재도 좋고, 우스꽝스러운 괴물도 좋아요!

지금까지 신화에 나오는 다양한 모습의 상상 속 생물과 괴물을 만나 보았어요. 독수리와 사자의 모습을 섞은 그리핀도 있었고, 다리가 8개 달린 슬레이프니르, 외눈박이 폴리페모스도 있었지요.
그럼 이번에는 신화에 등장할 법한 나만의 상상 속 동물을 만들어 볼까요? 아래의 질문에 답하면서 어떻게 만들지 생각해 보아요.

코끼리의 코와 엄니
힌두교 신화에 나오는 아이라바타는 7개의 긴 코와 4개의 엄니를 가진 흰 코끼리예요. 번개와 전쟁의 신 인드라가 아이라바타를 타고 전투에 나가지요.

어떻게 만들어 볼까요?

몸통은 어떤 동물을 닮게 할까?
제일 먼저 몸통의 생김새를 정해 보아요. 사람, 물고기, 말, 고양이, 개, 토끼, 소, 코끼리, 거미, 뱀? 아니면 따로 생각하고 있는 게 있나요?

날개로 할까, 꼬리로 할까?
어떻게 움직이게 할까요? 날아다닐까요? 지느러미로 헤엄치거나 뱀처럼 땅을 기어 다니게 할까요? 날카로운 발톱으로 땅을 파헤치게 할까요?

상대를 제압할 방법은?
어떻게 싸우게 할까요? 무기를 들게 할까요? 용처럼 불을 뿜게 할까요? 뾰족한 이빨로 물어뜯게 할까요? 아니면 아주아주 강력한 독을 쏠까요?

켄타우로스는 반은 사람, 반은 말인 난폭한 괴물이에요.

잠깐 상식! 고구려 신화에 나오는 삼족오는 다리가 세 개인 까마귀예요. 태양에서 산다고 전해져요.

근사한 이름을 붙여요!

자기 이름을 앞에 쓰고서, 상상 속 동물을 만들 때 쓴 동물들의 이름을 죽 이어 붙여요. 예를 들어 볼까요? 홍길동이라는 사람이 매, 늑대, 상어의 머리가 달린 동물을 만들었어요. 사람의 몸에 땅을 기어 다닐 수 있는 뱀의 꼬리를 붙였지요. 따라서 이 동물의 이름은 홍길동매늑대상어사람뱀이에요. 앞 글자를 따서 홍매늑상사뱀이라고 해도 좋아요.
자, 이제 공책이나 스케치북을 꺼내 나만의 상상의 동물을 그려 보아요! (이 책에 그리지는 말아요.)

나는 신과 영웅 중 무엇이 어울릴까요?

다음 질문들에 답한 뒤에 점수의 합을 내 보세요.

1 모험이나 짜릿한 일을 좋아하나요? 예라면, 3점

2 무리를 이끌고 가르치는 걸 좋아하나요? 예라면, 1점

3 자기 자신이 돋보이고 싶나요? 예라면, 2점

4 금방 싫증을 내나요? 예라면, 2점

5 어떻게 여행하는 게 좋나요?
   A. 편리하고 화려한 호텔에서 휴식 A라면, 2점
   B. 자연과 가까운 캠핑 B라면, 4점

6 친구가 급히 도움을 청하면 어떻게 하나요?
   A. 거절해요. A라면, 1점
   B. 당장 달려 나가요. B라면, 3점

7 평소에 좋아하는 옷차림은 무엇인가요?
   A. 청바지와 운동복, 운동화 A라면, 2점
   B. 최신 유행의 옷 B라면, 1점

8 옆집 개가 사라졌어요!
   A. 모른 척해요. A라면, 1점
   B. 같이 찾아 달라는 부탁을 받고서야 나서요.
   B라면, 2점
   C. 친구들과 열심히 찾아요. C라면, 3점

점수의 합을 계산해 보아요!

13점이 안 된다면: 축하해요! 당신은 신이 될 자격이 충분해요. 신은 돈을 펑펑 쓰고, 사람이 마땅히 해야 한다고 여기는 일들에 연연하지 않으며, 마음이 내켜야 남을 도울 거예요.

13점이거나 넘는다면: 축하해요! 당신은 영웅이 어울려요. 영웅은 아무리 힘들어도 불평하지 않고, 도움이 필요한 사람에게 손을 내밀 거예요.

와우, 신들도 먹고 마시고 즐겨요!

신들은 우리가 아는 것보다 바빠요.
서로 싸우거나 사람의 삶에 참견하지 않을 때에는 파티를 즐기지요. 신들이 온갖 종류의 음식을 푸짐하게 먹을 것이라고 생각하겠지만 그렇지 않아요. 그리스 신화에서 올림포스의 신들은 두 가지만 먹고 마셔요. 바로 암브로시아와 넥타르예요.

신의 음식

그리스 신화에서 신은 사람의 음식을 먹지 않아요. 사람의 음식은 썩어서 사라지니까요. 암브로시아는 꿀보다 몇 배 더 달콤하고 신성한 향기가 나는 음식이에요. 넥타르는 꿀로 만든 달콤한 음료예요. 올림포스에서 신을 모시는 요정들은 식탁에 암브로시아와 넥타르를 내놓아요. 신의 음식은 신만 먹을 수 있어요. 사람과 반신반인은 먹을 수 없지요. 신이 엄청난 능력을 유지할 수 있는 것도 이 음식 덕분일 수 있어요.

옥수수의 신 **센테오틀**은 중앙아메리카의 **아스텍 신화**에서 아주 중요한 신이었어요.

한 사원을 장식한 힌두교 신들의 모습이에요. 사원에서는 신에게 음식이나 물건을 바치곤 해요. 힌두교에서 신에게 바치는 음식은 '프라사다'라고 불러요.

잠깐 상식! 디오니소스는 그리스 신화에서 포도주의 신이에요. 로마 신화에서는 디오니소스를 바쿠스라고 불렀어요.

음식의 신

세계 여러 곳의 신화에서 신들은 사람의 음식을 먹고 즐겨요. 많은 신은 사람이 농작물을 기르거나 식량을 구하는 데 도움을 주고, 사람들은 그런 신을 숭배하지요. 이집트의 악의 신 세트는 상추를 좋아했고, 힌두교의 죽음과 정의의 신 다르마타쿠르는 쌀, 우유, 닭 같은 사람들이 먹는 하얀 음식을 먹었어요. 대부분의 문화에는 음식과 술, 잔치의 신이 있어요. 마야에는 카카오의 신 엑추아가 있어요. 마야 사람들은 엑추아에게 초콜릿을 바치며 그를 섬겼지요. 일본에는 쌀의 신 이나리를 모시는 모너기 축제가 열려요. 한해 농사가 잘 되도록 살펴 달라는 의미예요. 로마 신화에서 포도주의 신 바쿠스는 기쁨과 풍요의 신이에요. 로마 사람들은 3월마다 바쿠스를 기리는 '바카날리아' 축제를 열었어요.

암브로시아를 만들어 볼까요?

암브로시아는 파인애플과 귤로 만든 맛있는 과일 샐러드의 이름이기도 해요. 신들이 좋아한 과일로 직접 암브로시아를 만들어 볼까요? 고대 그리스, 로마, 이집트의 신들은 대추야자, 무화과, 석류, 꿀을 좋아했어요. 모두 마법의 힘이 있다고 여겨진 음식들이었지요. 참, 요리하면서 칼을 쓸 때는 주변 어른들의 도움을 받도록 해요.

준비물 (구하기 어려운 재료는 빼도 좋아요.)

큰 그릇, 컵, 숟가락, 파인애플 조각 1컵, 귤 조각 1컵, 한 입 크기로 썬 대추야자 2개, 말린 무화과 3개, 석류알 반 컵, 무설탕 플레인 요구르트 2컵, 꿀 2숟가락, 무설탕 코코넛 조각 2숟가락.

요리법

준비한 과일, 요구르트, 꿀을 한 그릇에 섞어요. 마지막으로 코코넛 조각을 뿌려서 잘 저어 먹어요.

석류

꿀

대추야자

무화과

밤하늘에 반짝반짝 빛나는 신화의 주인공

밤하늘을 보면 신화가 우리 삶에 깊은 영향을 준 걸 알 수 있어요.
옛사람들은 밤하늘의 별을 이어 모양을 만들고, 거기에 신화에 나오는 신이나 영웅 등의 이름을 붙여 별자리를 만들었어요. 태양계의 행성들과 우주에 떠다니는 천체의 이름도 신화와 관계있는 것이 많지요. 밤하늘을 보며 그곳에 새겨진 신화를 찾아볼까요?

큰곰자리

북두칠성

큰곰자리

우리나라에서 일 년 내내 볼 수 있는 별자리예요. 그리스 신화에 나오는 요정 칼리스토는 제우스와 사랑에 빠진 죄로 헤라의 노여움을 사서 곰으로 변했어요. 그리고 아들인 아르카스가 자기의 엄마인 줄 모르고 쏜 화살에 맞아 죽었지요. 제우스는 이를 불쌍히 여겨서 칼리스토를 큰곰자리로 만들었어요.

잠깐 상식! 큰곰자리의 꼬리 부분에 가장 뚜렷하게 보이는 7개의 별을 북두칠성이라고 불러요. 국자 모양이지요.

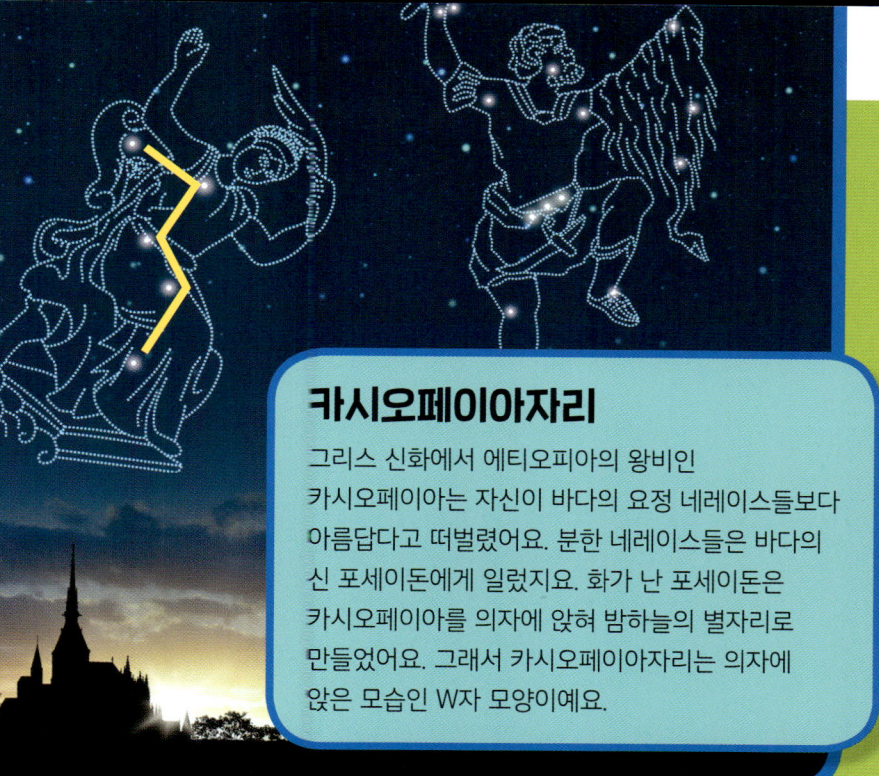

카시오페이아자리

그리스 신화에서 에티오피아의 왕비인 카시오페이아는 자신이 바다의 요정 네레이스들보다 아름답다고 떠벌렸어요. 분한 네레이스들은 바다의 신 포세이돈에게 일렀지요. 화가 난 포세이돈은 카시오페이아를 의자에 앉혀 밤하늘의 별자리로 만들었어요. 그래서 카시오페이아자리는 의자에 앉은 모습인 W자 모양이에요.

신화에서 따온 행성의 이름

태양 주위를 일정한 주기로 도는 천체를 행성이라고 해요. 행성을 부르는 영어 이름은 로마 신화에 나오는 신들의 이름에서 따왔어요.

수성-머큐리: 가장 빠르게 태양 주위를 도는 수성에는 발 빠르게 신의 뜻을 전하는 메르쿠리우스의 이름을 붙였어요. 메르쿠리우스의 영어 이름이 머큐리예요.

금성-비너스: 밤하늘에서 가장 밝은 천체 중 하나인 금성에는 아름다운 신 베누스의 이름을 붙였어요. 베누스의 영어 이름이 비너스지요.

화성-마르스: 전투를 좋아하는 파괴의 신 마르스의 이름에서 따왔어요. 붉게 보이는 화성은 꼭 전쟁의 불길 같아요.

목성-주피터: 태양계 행성 중에 최고의 신 유피테르의 이름을 따왔어요. 유피테르의 영어 이름은 주피터예요.

토성-새턴: 태양의 주위를 느리게 도는 토성에는 나이가 많은 농경의 신 사투르누스의 이름을 붙였어요. 사투르누스의 영어 이름이 새턴이에요.

천왕성-유러너스: 토성의 바깥에 있는 천왕성에는 사투르누스의 아버지인 우라노스의 이름을 붙였지요. 영어 이름은 유러너스지요.

해왕성-넵튠: 푸른색을 띠는 해왕성에는 바다의 신 넵투누스의 이름을 붙였어요. 넵투누스의 영어 이름은 넵튠이랍니다.

별자리를 찾아요

신화에서 이름을 따온 아래의 별자리는 정말 유명하답니다.

오리온자리: 그리스 신화 속 뛰어난 사냥꾼 오리온의 이름을 딴 별자리예요. 우리나라에서는 겨울철에 남쪽 하늘에서 잘 보여요.

독수리자리: 우리나라에서 여름철에 잘 보이는 별자리예요. 하늘을 가로지르는 은하수를 찾으면 확인할 수 있어요. 제우스가 키우는 독수리 아킬라라고도 하고, 독수리로 변한 제우스의 모습이라고도 해요.

헤르쿨레스자리: 영웅 헤라클레스의 이름에서 따왔어요. 신들은 용감한 영웅을 기리기 위해 별자리로 삼았다고 해요. 우리나라에서는 여름철 밤하늘에서 비교적 가운데 쪽에 있어요.

전문가 인터뷰

옛날 사람들은 언제나 똑같은 무늬로 밤하늘을 수놓는 별들을 보고 안정감을 느꼈어요. 반면에 별똥별이나 달이 태양을 가려서 태양이 까맣게 보이는 일식처럼 우주에서 벌어지는 예측 불가능한 사건들은 두려워했지요. 그래서 사람들은 신화 속 신이나 영웅의 이름을 별자리에 붙였어요. 하늘에서 신과 영웅들이 내려다본다고 생각하면 잠자리가 편안했겠지요.

전문가가 들려주는 뒷이야기

예술가들은 신화 속 존재를 예술 작품에 담아내요.

그리스 신화에서 사람과 황소의 모습을 반씩 섞은 미노타우로스나 몸의 위쪽은 사람, 아래쪽은 날개 돋친 사자의 모습을 한 괴물 스핑크스는 보는 이의 눈을 사로잡지요. 이렇게 실제의 영향을 받은 존재를 예술 작품에 담기란 어렵지 않아요. 그렇다면 전혀 알 수 없는 상상의 존재를 예술 작품에 담아내는 일은 어떨까요? 부리부리한 눈, 삐죽빼죽한 이빨로 상대를 벌벌 떨게 해야 할까요? 몸은 뱀처럼 똬리를 틀게 해야 할까요? 몸집은 어느 정도로 하지요? 예술가들은 이러한 질문에 끊임없이 답하며 예술 작품을 완성했답니다. 그래서 괴물의 생김새는 예술가마다 조금씩 달랐지요. 같은 신화를 이야기하는 문학 작품도 이야기를 쓴 작가마다 내용이 조금씩 다른 것처럼요.

고대 그리스 시대에 만들어진 도기를 보면 무척 흥미로워요. 고대 그리스 예술가들은 신화에 등장하는 장면으로 도기를 꾸몄어요. 그만큼 신화가 사람들의 생활에 깊이 뿌리내려 있다는 의미겠지요. 훗날 사람들은 그리스의 도기를 보고 글만으로는 이해하기 어려운 신화의 세세한 부분을 이해하는 데 도움을 받을 수 있었을 거예요.

신화를 소재로 한 예술 작품을 만나는 일은 어렵지 않아요. 여러 미술 작품과 세계 여러 나라의 도시에 있는 동상이나 조각품 중에서도 신화 속 주인공을 만날 수 있지요. 아주 오래된 작품도 있고, 최근에 만들어진 것도 있어요. 신화에서 많은 영감을 얻거든요.

오른쪽 그림은 그리스 신화에서 영웅인 이아손이 커다란 배 아르고호를 타고 황금 양털을 찾아 나선 이야기를 그린 것이에요. 마녀 메디아가 마법 약으로 황금 양털을 지키는 괴물인 드라콘을 잠들게 하는 장면이지요. 이 그림에서는 괴물 드라콘이 용으로 나오지만, 고대 그리스의 도기에는 악어와 뱀을 합친 동물로 그려져 있어요.

우리는 신화에 둘러싸여 있어요

신화는 오늘날까지 수천 년 동안 이어져 왔어요.

과학 기술이 발달한 오늘날 사람들은 더 이상 비나 천둥번개 같은 자연 현상을 보고 신이 한 행동이라고 생각하지 않아요. 신화 속에 나오는 신과 영웅을 우러러보거나 두려워하지도 않지요. 그럼에도 신화는 여전히 우리가 읽고 보는 책과 영화는 물론, 여러 예술 작품에서 살아 숨 쉬고 있어요.
눈을 감고 떠올려 보세요. 아테나의 이름에서 따온 아테네 같은 도시의 이름, 하늘에 떠 있는 별자리 이름 등에서도 신화의 흔적을 찾아볼 수 있지요. 신화와 관련된 문화유산도 많고요. 우리는 옛사람들이 살던 세상을 이해하기 위해, 그리고 우리 주변 세계를 알아 가기 위해 지금도 꾸준히 신화를 공부하고 있어요.

만화와 영화 「엑스맨」에는 눈에서 강력한 레이저를 내뿜는 사이클롭스가 나와요. 눈에서 하나의 빛 줄기가 나오는 모습이 마치 외눈을 가진 키클롭스 같지 않나요? 맞아요! 사이클롭스는 키클롭스의 영어 이름이에요.

신화에서 온 이름

메두사 메두사는 영어로 다 자란 상태의 해파리를 뜻해요.

아틀라스 세계를 떠받치는 아틀라스는 지도책을 뜻하는 영어 단어예요.

니케 유명한 스포츠 의류 브랜드 나이키는 그리스 신화에서 승리의 신인 니케의 이름을 땄어요.

큐피드 로마 신화 속 사랑의 신인 큐피도의 영어 이름은 밸런타인데이를 상징하는 말이에요.

머큐리 머큐리는 온도계에 들어 있는 수은을 뜻하는 영어 단어예요. 수은은 '퀵실버'라고도 불러요. 발 빠르게 움직이는 메르쿠리우스와 어울리지요.

그리스 신화에 나오는 바다의 요정 세이렌이나 북유럽 신화에 나오는 인어는 영화나 동화에 나오고, 조각상 등으로도 만들어졌어요. 아래 사진은 태국 남부 해안에 있는 인어 조각상이에요.

이탈리아 로마에 있는 트레비 분수예요. 넵투누스가 조개 마차를 타고 바다를 다스리는 모습을 나타냈어요. 반은 말이고, 반은 물고기인 히포캄푸스가 마차를 끌고 있어요.

도전! 세계의 신화 박사 퀴즈를 풀며 용어를 익혀요

힌두교 신화에 나오는 하누마트는 원숭이의 얼굴을 가졌어요. 날쌔고 영리하며 용감하지요.

여러분의 신화 지식을 확인할 시간! 다음 용어의 뜻을 잘 읽고 표시된 페이지로 가서 쓰임을 확인하세요. 이어지는 퀴즈까지 맞혔다면, 여러분을 세계의 신화 박사로 인정합니다!

1. 미궁
들어가면 나오는 길을 찾기 어려운 곳 (14, 47, 48, 61쪽)

그리스 신화에서 미궁에 사는 괴물의 이름은 무엇인가요?
a. 히드라
b. 메두사
c. 미노타우로스
d. 웬디고

2. 별자리
옛사람들이 별을 이어 모양을 만들고 신화 속 주인공의 이름을 붙인 것 (10, 25, 52, 53, 56쪽)

다음 중 별자리 이름으로도 쓰이는 이름은 무엇인가요?
a. 카시오페이아
b. 오리온
c. 헤르쿨레스
d. 모두 다

3. 신화
옛날부터 전해 내려오는 신들의 이야기 (10, 11, 16, 17쪽)

세상이 어떻게 처음 생겨났는지를 설명하는 신화는 무엇인가요?
a. 자연 신화
b. 창세 신화
c. 영웅 신화
d. 건국 신화

4. 영웅
특별한 능력을 지녀서 보통 사람이 하기 어려운 일을 해내는 신화 속 주인공 (28, 29, 32, 37쪽)

다음 중 영웅이 아닌 존재는 누구인가요?
a. 헤라클레스
b. 오디세우스
c. 케르베로스
d. 테세우스

5. 왕가의 계곡
고대 이집트를 다스리던 왕들의 무덤이 모인 곳 (13쪽)

왕가의 계곡에서 볼 수 있는 것은 무엇인가요?
a. 거대한 피라미드
b. 무덤을 지키는 괴물
c. 화려한 궁전
d. 영웅의 조각상

6. 제우스
그리스 신화에 나오는 하늘의 신 (14, 19쪽)

제우스의 힘을 상징하는 무기는 무엇인가요?
a. 쇠칼
b. 천둥번개
c. 몰니르
d. 세 갈래의 창

7. 트릭스터
신화 속에서 질서를 어지럽히는 존재 (34, 35, 61쪽)

북유럽 신화에서 이둔의 사과를 훔친 트릭스터의 이름은 무엇인가요?
a. 아난시
b. 코요테
c. 프로메테우스
d. 로키

8. 티탄
우라노스와 가이아 사이에서 태어난 거신족 (8, 22, 31, 36, 61쪽)

티탄에 속하는 신은 누구인가요?
a. 아프로디테
b. 포세이돈
c. 크로노스
d. 하데스

9. 판도라의 상자
제우스가 모든 고통과 악을 넣어 봉한 채로 인간 세상에 내려보낸 상자 (39, 61쪽)

판도라의 상자가 열린 이유는 무엇인가요?
a. 올림포스의 신들이 열기로 상의해서
b. 판도라가 궁금함을 참지 못해서
c. 제우스가 세상을 심판하려고
d. 로키가 훔치다가 떨어트려서

10. 힌두교 신화
힌두교에서 내려오는 신들의 이야기 (13, 17, 25쪽)

힌두교 신화에 등장하는 신을 골라 보세요.
a. 가네샤
b. 시바
c. 비슈누
d. 모두 다

정답 1-c, 2-d, 3-b, 4-c, 5-a, 6-b, 7-d, 8-c, 9-b, 10-d

찾아보기

ㄱ
가네샤 17, 44
가루다 25
가이아 18, 36
거신 31, 32, 37
거신족 22, 35, 37
과학 7, 10, 38, 56
괴물 7, 11, 15, 16, 19, 20, 24, 28, 29, 36, 37, 41, 43, 48, 54
그렌델 11
그리핀 16, 24
기린 37

ㄴ
나마즈 39
네레이스 39, 53
네메아 29, 36
넥타르 50
넵투누스 53, 58
니케 56

ㄷ
다르마타쿠르 51
데메테르 19
데바 14
도깨비 34
도코요 28
디오니소스 50

ㄹ
라그나뢰크 15, 41
레아 18, 19
로키 15, 35

ㅁ
마르스 53
머큐리 53, 56
메두사 19, 24, 36, 56
미궁 20, 29, 37, 46
미노타우로스 20, 29, 46, 54

ㅂ
바쿠스 50, 51
반신반인 23, 29, 50
발데르 15
발키리 41
발할라 41
베누스 27, 53
베오울프 11
벨레로폰 24
별자리 10, 25, 52, 53, 56
불카누스 27, 38
비슈누 5, 13, 25

ㅅ
사투르누스 22, 53
사티로스 24
사후 세계 13, 27, 41
센테오틀 50
슈퍼맨 47
스틱스강 40
스핑크스 54
슬레이프니르 23, 37
시바 13, 14, 44
신전 12, 22, 26

ㅇ
아난시 17, 35
아르테미스 19
아수라 14
아이라바타 48
아이언맨 47
아킬라 23, 53
아킬레우스 27, 47
아테나 11, 26, 28, 30, 56
아틀라스 31, 56
아폴론 19
아프로디테 19, 26
암브로시아 50, 51
에로스 26
엑추아 51
영웅 8, 11, 19, 20, 24, 27, 28, 29, 31, 32, 37, 47, 49, 54
영웅 신화 11
오군 14
오디세우스 32, 46
오디세이 17
오딘 15, 23, 37, 41
오리온 53
올림포스산 12, 19
왕가의 계곡 13
우라노스 18, 36, 53
울루루 13
웬디고 6
유니콘 43
유피테르 27, 53
이둔 35
이아손 31, 54
인드라 48
일리아스 17

ㅈ
자연 신화 11
저승 14, 22, 23, 36, 40, 47
제우스 7, 14, 19, 22, 23, 25, 29, 31, 34, 36, 39, 47, 52, 53, 61

ㅊ
참성단 17
창세 신화 10
천체 52, 53

ㅋ
카론 40
카시오페이아 53
케르베로스 23, 29, 30, 36, 40, 47
케찰코아틀 12
켄타우로스 42, 48
코요테 16, 35
쿠피도 27, 56
크라켄 37, 43
크레타 29, 37, 46
크레타 황소 29, 37
크로노스 18, 19, 22, 40
키메라 24, 36, 37
키클롭스 22, 37, 56

ㅌ
타르타로스 36
테세우스 20, 27, 29, 37, 46
토르 14, 15, 46
트릭스터 34, 35
티탄 22, 31, 36
티폰 7, 36, 37

ㅍ
판도라의 상자 39
판테온 22
페가수스 24, 25
페르세우스 19, 47
펜리르 15
포세이돈 19, 24, 37, 38, 47,

53
폴리페모스 32, 37
폴크방 41
프레이야 15, 27, 41
프로메테우스 8, 23, 30, 34
플래시 47
피라미드 12, 13

ㅎ

하누마트 17, 60

하데스 19, 40
헤라 19, 26, 29, 52
헤라클레스 7, 19, 27, 29, 30, 46, 47, 53
헤르메스 19, 53
헤시오도스 17
호루스 17
호머 17
히드라 7, 29

사진 저작권

All illustration by Gonzalo Ordoñez and Margaret Salter unless otherwise noted below.

Front cover, Gonzalo Ordonez; **back cover (rt)**, Arena Creative/Shutterstock; **(le)** BlueOrange Studio/Shutterstock; **(ctr le)**, PublicDomainImages/Pixabay; **Front fl ap (up)**, Adventtr/Dreamstime; **(ctr rt)** Grafi ssimo/iStock; **(ctr le)**, Margaret Salter; **(lo)**, Margaret Salter; **Back fl ap (up)**, Courtesty of Blake Hoena; **(lo)**, Courtesty of Adrienne Mayor; **1**, Margaret Salter; **2**, Margaret Salter; **4–5**, Kushch Dmitry/Shutterstock; **6–7**, Gonzalo Ordonez; **7 (RT)**, Josiah Ober; **7**, Dan Sipple; **8–9**, Gonzalo Ordonez; **10 (LOLE)**, Margaret Salter; **10–11**, Mishkacz/Dreamstime; **11 (RT)**, PoodlesRock/Corbis; **12**, Afagundes/Dreamstime; **13 (LE)**, Mazzzur/Shutterstock; **13 (LORT)**, Pixcom/Dreamstime; **13 (UPRT)**, Nestor Noci/Shutterstock; **14 (A)**, paytai/Shutterstock; **14 (B)**, Alhovik/Shutterstock; **14 (C)**, adventtr/iStockphoto; **14 (D)**, diez artwork/Shutterstock; **14 (E)**, robtek/Shutterstock; **15**, Gonzalo Ordonez; **16 (UP)**, MargaretSalter; **16 (CTR)**, f9photos/Shutterstock; **16 (LO)**, Fedor Selivanov/Shutterstock; **17 (CTR LE)**, Lukiyanova Natalia/frenta/Shutterstock; **17 (UPLE)**, Kamira/Shutterstock; **17 (LOLE)**, Margaret Salter; **17 (CTR RT)**, Naypong/Shutterstock; **17 (UPRT)**, Cultural Heritage Administration; **17 (LORT)**, Neale Cousland/Shutterstock; **18–19 (Background)**, Margaret Salter; **19 (UPLE)**, Margaret Salter; **19 (LOLE)**, Gonzalo Ordonez; **19 (LORT)**, Margaret Salter; **19 (UPRT)**, Margaret Salter; **20–21**, Gonzalo Ordonez; **22**, The Gallery Collection/Corbis; **23 (LE)**, Sandra Cunningham/Shutterstock; **23 (UPRT)**, Grafi ssimo/iStockphoto; **23 (CTR RT)**, Grafi ssimo/iStockphoto; **23 (LORT)**, Willierossin/Shutterstock; **24 (UP)**, Iosif Chezan/Shutterstock; **24 (LOLE)**, pixy/Shutterstock; **24 (LORT)**, iStockphoto/Getty Images; **25 (RT)**, antpkr/Shutterstock; **25 (LE)**, Eric Isselee/Shutterstock; **26**, The Bridgeman Art Library/Getty Images; **27 (UPLE)**, SuperStock RM/Getty Images; **27 (UPRT)**, Bettmann/Corbis; **27 (LORT)**, Photoseeker/Shutterstock; **27 (LOLE)**, Margaret Salter; **28 (LE)**, bigredlynx/iStockphoto; **28 (RT)**, jorisvo/Shutterstock; **29 (LE)**, Bettmann/Corbis; **29 (RT)**, Margaret Salter; **29 (UPRT)**, Roman Sotola/Shutterstock; **30 (LE)**, Christie's Images/Corbis; **30 (UPRT)**, Muellek Josef/Shutterstock; **30 (LORT)**, Arvind Balaraman/Shutterstock; **31 (UP)**, Robert Harding World Imagery/Getty Images; **31 (LOLE)**, University of East Anglia, Norfolk, UK/Robert and Lisa Sainsbury Collection/The Bridgeman Art Library; **31 (LORT)**, Margaret Salter; **32–33**, Gonzalo Ordonez; **34**, Universal Images Group Limited/Alamy; **35 (LOLE)**, Margaret Salter; **35 (RT)**, Margaret Salter; **35 (UPLE)**, Margaret Salter; **36**, Margaret Salter; **37 (UPLE)**, Margaret Salter; **37 (CTR)**, Pitchayarat Chootai/Shutterstock; **37 (UPRT)**, Gonzalo Ordonez; **37 (LO)**, Gonzalo Ordonez; **38 (LE)**, Universal Images Group Limited/Alamy; **38–39**, Hemera/Getty Images; **39 (UP)**, ArtPix/Alamy; **39 (LO)**, Sinisa Botas/Shutterstock; **40**, Photos.com/Getty Images; **41 (UP)**, Blue Lantern Studio/Corbis; **41 (LO)**, The Art Gallery Collection/Alamy; **42 (UPLE)**, zhu difeng/Shutterstock; **42 (UPRT)**, Marques/Shutterstock; **42 (LOLE)**, Palych/Dreamstime; **42 (LORT)**, Abramova Kseniya/Shutterstock; **43 (UPLE)**, Jessica Cooper/Cherry/Corbis; **43 (UPRT)**, Tom_robbrecht/Dreamstime; **43 (CTR LE)**, Koryaba/Shutterstock; **43 (CTR RT)**, Greg Amptman/Shutterstock; **43 (LOLE)**, Catmando/Shutterstock; **43 (LORT)**, Photo Researchers RM/Getty Images; **44–45**, Gonzalo Ordonez; **46 (LE)**, Lionsgate / The Kobal Collection; **46 (RT)**, Marvel Studios / The Kobal Collection; **47 (UPLE)**, Fox 2000 Pictures/The Kobal Collection; **47 (LOLE)**, 7831/Gamma-Rapho via Getty Images; **47 (RT)**, A.F. ARCHIVE/Alamy; **47 (UPRT)**, J Gerard Seguia/Demotix/Corbis; **48**, Shutterstock; **48–49**, imagebroker/Alamy; **49**, Gonzalo Ordonez; **50**, Neale Cousland/Shutterstock; **51 (LE)**, Myron Pronyshyn/Shutterstock; **51 (UPRT)**, Valentyn Volkov/Shutterstock; **51 (CTR RT)**, Valentyn Volkov/Shutterstock; **51 (CTR RT)**, Ninell/Shutterstock; **51 (LORT)**, Valentyn Volkov/Shutterstock; **52**, Stocktrek/Getty Images; **52–53**, amana images RF/Getty Images; **53 (LO)**, UniqueLight/Shutterstock; **54–55**, Daniel Loxton; **56 (LOLE)**, Vichie81/Dreamstime; **56 (UPLE)**, bluehand/Shutterstock; **56 (UPRT)**, Art Resource, NY; **56 (CTR RT)**, MarcelClemens/Shutterstock; **56 (CTR RT)**, Romica/Dreamstime; **56 (LORT)**, Kudryshanna/Dreamstime; **57**, Thanyapat Wanitchanon/Shutterstock; **58–59**, majeczka/Shutterstock; **60**, Sunsetman/Shutterstock; **63**, Margaret Salter.

지은이 **블레이크 호에나**
미국 미네소타주립대학교에서 미술학을 전공했다. 스포츠, 탐험, 전설, 슈퍼 영웅, 괴물, 외계인 등에 관한 어린이책을 쓰며, 동요를 만들기도 한다.『페르세우스와 메두사(Perseus and Medusa)』,『테세우스와 미노타우로스(Theseus and the Minotaur)』 등 50권이 넘는 책을 썼다.

지은이 **에이드리엔 메이어**
미국 스탠퍼드대학교에서 고대 설화와 과학이 발달하지 않았던 시대의 신화에 담긴 자연 현상을 연구하는 역사학자이자 민속학자이다. 미국 사우스다코타주에서 북아메리카 중앙대평원의 원주민 신화를 많이 접하며 자랐다.『독약왕: 로마의 완전한 적, 미트라다테스의 생애와 전설(The Poison King: The Life and Legend of Mithradates, Rome's Deadliest Enemy)』로 2009년 미국 내셔널 북 어워드 논픽션 부문 최종 후보에 올랐으며, 2010년 미국 독립출판도서상을 받았다.

옮긴이 **이한음**
서울대학교에서 생물학을 공부하고 과학 전문 번역가로 활동하고 있다. 지은 책으로『바스커빌 가의 개와 추리 좀 하는 친구들』,『생명의 마법사 유전자』등이 있고, 옮긴 책으로『다윈의 진화 실험실』,『북극곰과 친구 되기』,『인간 본성에 대하여』,『DNA : 생명의 비밀』,『조상 이야기』등이 있다.

감수 **김헌**
서울대학교 불어교육과를 졸업하고, 동 대학원 철학과와 서양고전학 협동과정에서 석사 학위를 취득했으며, 이후 프랑스 스트라스부르대학교에서 아리스토텔레스의『시학』과『수사학』연구로 박사 학위를 받았다. 현재 서울대학교 인문학 연구원 교수이다. TV 프로그램 <벌거벗은 세계사>, <차이나는 클라스> 등에 출연하며 대중에게 서양 고전을 널리 알리기 위해 노력하고 있다. 지은 책으로는『김헌의 그리스 로마 신화』,『신화와 축제의 땅 그리스 문명 기행』,『천년의 수업』등이 있다.

1판 1쇄 찍음 - 2022년 8월 8일, 1판 1쇄 펴냄 - 2022년 8월 19일
지은이 블레이크 호에나, 에이드리엔 메이어 **옮긴이** 이한음 **감수** 김헌 **펴낸이** 박상희 **편집장** 전지선 **편집** 오혜환, 이정선, 김다슬 **디자인** 천지연, 신현수, 시다현
펴낸곳 ㈜비룡소 **출판등록** 1994. 3. 17.(제16-849호) **주소** 06027 서울시 강남구 도산대로1길 62 강남출판문화센터 4층 **홈페이지** www.bir.co.kr
전화 영업 02)515-2000 팩스 02)515-2007 편집 02)3443-4318,9 **제품명** 어린이용 각양장 도서 **제조자명** ㈜비룡소 **제조국명** 대한민국 **사용연령** 3세 이상

NATIONAL GEOGRAPHIC KIDS EVERYTHING : MYTHOLOGY
Copyright ⓒ 2014 National Geographic Partners, LLC.
Korean Edition Copyright ⓒ 2022 National Geographic Partners, LLC.
All rights reserved.
NATIONAL GEOGRAPHIC and Yellow Border Design are trademarks of the National Geographic Society, used under license.
이 책의 한국어판 저작권은 National Geographic Partners, LLC.에 있으며, ㈜비룡소에서 번역하여 출간하였습니다.
저작권법에 의해 한국 내에서 보호를 받는 저작물이므로 무단 전재와 무단 복제를 금합니다.
ISBN 978-89-491-3227-3 74400 / ISBN 978-89-491-3210-5 (세트)